Eu- A- III - 2-13

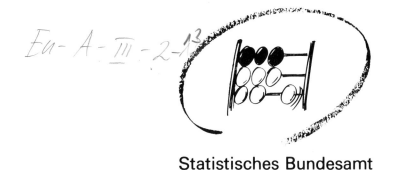

Statistisches Bundesamt

Im Blickpunkt:

Ältere Menschen in der Europäischen Gemeinschaft

METZLER
POESCHEL

Herausgeber:
Statistisches Bundesamt, Wiesbaden, Gustav-Stresemann-Ring 11

Postanschrift:
Statistisches Bundesamt
65180 Wiesbaden

Verlag:
Metzler-Poeschel, Stuttgart

Verlagsauslieferung:
Hermann Leins GmbH & Co. KG
Postfach 11 52
72125 Kusterdingen
Telefon: 0 70 71/93 53 50
Telex: 7 26 28 91 mepo d
Telefax: 0 70 71/3 36 53

Erschienen im März 1994
Preis: DM 17,80
Bestellnummer: 1020410 - 94900
ISBN: 3-8246-0352-7

Titelfoto:
Ausgelobt vom Bundesministerium für Familie und Senioren im Rahmen des "Europäischen Jahres der älteren
Menschen und der Solidargemeinschaft der Generationen". Konzeption und Durchführung lagen beim Institut
für Bildung und Kultur in Remscheid. (Foto: Walter Spiegel)

Zum Geleit

Hannelore Rönsch, MdB,
Bundesministerin für Familie und Senioren

Die Europäische Union hatte das abgelaufene Jahr 1993 zum „Europäischen Jahr der älteren Menschen und der Solidargemeinschaft der Generationen" erklärt. Dieses Jahr war der Höhepunkt eines Aktionsprogramms, das der Rat am 26. November 1990 beschlossen hatte. Europaweit wurde das EG-Jahr 1993 genutzt, um den Erfahrungsaustausch in den Ländern weiter auszubauen. Es wurde gemeinsam nach Möglichkeiten gesucht, wie mit den Herausforderungen des demographischen Wandels, der sich in fast allen Staaten Europas vollzieht, umzugehen ist. Wichtig ist, daß auch über das Jahr 1993 hinaus Seniorenpolitik im europäischen Kontext stattfindet. In einer Grundsatzerklärung zu der Seniorenpolitik in Europa vom 6. Dezember 1993, die auf meine Initiative zurückgeht, haben daher der Rat der Europäischen Union und die im Rat vereinigten Minister die Mitgliedstaaten aufgefordert, einen umfassenden Katalog zeitgemäßer seniorenpolitischer Ziele in ihrer nationalen Politik umzusetzen. Wir bekräftigen darin den politischen Willen, uns den sozialen und ökonomischen Herausforderungen zu stellen, die aus der demographischen Entwicklung resultieren.

Der Tenor der Erklärung zeigt aber auch, wie wichtig das von den nationalstatistischen Ämtern, wie z.B. im Statistischen Bundesamt und dem Amt der Europäischen Gemeinschaften (Eurostat), aufgearbeitete statistische Material ist, um demographische und die Veränderung der Lebenslage älterer Menschen betreffende Entwicklungen in Europa zu erkennen, zu vergleichen und die seniorenpolitischen Konsequenzen daraus zu ziehen. Die Veröffentlichung „Im Blickpunkt: Ältere Menschen in der Europäischen Gemeinschaft" dokumentiert dieses Material auf eine anschauliche und umfassende Art und Weise. Sie ist damit ein hilfreiches Instrument, die Seniorenpolitik in den Mitgliedstaaten und auf europäischer Ebene weiterzuentwickeln.

Vorwort

Von der Öffentlichkeit weitgehend unbemerkt hat sich in der Struktur der Bevölkerung eine „stille Revolution" vollzogen, die dazu führen wird, daß im Jahr 2020 rund ein Viertel der Bürgerinnen und Bürger der Gemeinschaft 60 Jahre und älter sein werden. Die Bedeutung des Alters als Lebensabschnitt nimmt demzufolge zu – für den Einzelnen wie für die Gesellschaft. Dies gilt heute für alle Länder der Europäischen Gemeinschaft. Angesichts der wachsenden sozialen und finanziellen Herausforderungen, die mit den Veränderungen im Altersaufbau zusammenhängen, sind für die Politikberatung und Entscheidungsfindung statistische Daten heute wichtiger denn je.

Diese neue Ausgabe der Reihe „Im Blickpunkt" beleuchtet die Lage der älteren Menschen hauptsächlich in den Staaten der Europäischen Gemeinschaft sowie speziell in Deutschland und bietet Einblick in die sich für die Zukunft abzeichnenden Strukturen. Dargestellt werden neben den demographischen Angaben die Lebensformen und Informationen zum Lebenszyklus. Die Daten zur Beteiligung älterer Menschen am Berufsleben sowie zum Lebensstandard zeigen zum einen nationale Unterschiede, zum anderen aber auch international ähnliche Tendenzen auf. Ergänzt wird das Bild durch die Auswertung von Umfragen zur Einschätzung der individuellen Situation hinsichtlich der finanziellen Absicherung und in bezug auf die Kontakte zu den jüngeren Generationen.

Insbesondere Leserinnen und Leser, die neben der Darstellung der Lage in Deutschland an einem internationalen Vergleich der Situation älterer Menschen interessiert sind, finden in der Veröffentlichung eine reichhaltige Materialzusammenstellung mit übersichtlichen Schaubildern und ausführlichem Tabellenanhang.

Hans Günther Merk

Inhalt

Verzeichnis der Anhangtabellen

Allgemeine Vorbemerkungen

Quellen

Die in der vorliegenden Veröffentlichung verwendeten Zahlen beruhen zum größten Teil auf Statistiken, die vom Statistischen Amt der Europäischen Gemeinschaften (Eurostat) auf der Grundlage nationaler Meldungen und Veröffentlichungen zusammengestellt und bearbeitet wurden. Die Ergebnisse der Arbeitskräfteerhebung und der Eurobarometer-Umfrage über Einstellungen zum Alter stammen aus eigenständigen Erhebungen der Europäischen Gemeinschaft.

Gebietsstand

Deutschland:

Angaben für die Bundesrepublik Deutschland nach dem Gebietsstand seit dem 3.10.1990.

Früheres Bundesgebiet:

Angaben für die Bundesrepublik Deutschland nach dem Gebietsstand bis zum 3.10.1990; sie schließen Berlin-West ein.

Neue Länder und Berlin-Ost:

Angaben für die Länder Brandenburg, Mecklenburg-Vorpommern, Sachsen, Sachsen-Anhalt, Thüringen sowie Berlin-Ost.

Gebiet der ehemaligen DDR:

Angaben für die Zeit vor dem 3.10.1990 für das Gebiet der ehemaligen DDR; sie schließen Berlin (Ost) ein.

Zeichenerklärung

0 = weniger als die Hälfte von 1 in der letzten Stelle, jedoch mehr als nichts

– = nichts vorhanden

/ = keine Angabe, da Zahlenwert nicht sicher genug

. = Zahlenwert unbekannt oder geheimzuhalten

x = Tabellenfach gesperrt, weil Aussage nicht sinnvoll

( ) = Aussagewert eingeschränkt, da der Zahlenwert statistisch relativ unsicher ist

Auf- und Abrundungen

Im allgemeinen ist ohne Rücksicht auf die Endsumme auf- bzw. abgerundet worden. Deshalb können sich bei der Summierung von Einzelangaben geringfügige Abweichungen in der Endsumme ergeben.

1 Demographische Grunddaten

- 68,6 Millionen Menschen in der EG – ein Fünftel der Einwohner – sind heute 60 Jahre und älter.

- Auch in Deutschland zählt jeder fünfte Einwohner zu dieser Altersgruppe.

- Im Jahr 2020 werden in der EG bis zu 100 Millionen Menschen bereits 60 Jahre oder älter sein.

1 Demographische Grunddaten

1.1 Stellung der älteren Menschen in der Europäischen Gemeinschaft

Nach dem „Vertrag zur Europäischen Union" von Maastricht am 9./10. Dezember 1991 befindet sich die Europäische Gemeinschaft auf dem Weg zu einer sich vertiefenden wirtschaftlichen, politischen und sozialen Einheit. Zu den wesentlichen Rahmenbedingungen der damit angestrebten Anpassung der Lebensbedingungen in der Gemeinschaft zählen auch Stand, Gliederung und Entwicklung der Bevölkerung in den Mitgliedstaaten.

Knapp die Hälfte der Europäer lebt in der Europäischen Gemeinschaft

Anfang 1991 lebten in den gegenwärtig zwölf Mitgliedsländern der Europäischen Gemeinschaft rund 345 Mill. Menschen. Das waren etwa 6,4 % der Weltbevölkerung (rund 5,4 Mrd.) und fast 49 % der Bevölkerung Europas (707 Mill. einschl. des europäischen Teils der ehemaligen Sowjetunion und der Türkei). Knapp 291 Mill. Einwohner oder über 84 % gehörten den fünf bevölkerungsreichsten Ländern der Gemeinschaft an, nämlich Deutschland, Italien, Großbritannien, Frankreich und Spanien. Gut ein Sechstel der Gesamtbevölkerung (15,7 %) verteilte sich auf die übrigen sieben Mitgliedsländer der Gemeinschaft. Allein auf das vereinte Deutschland entfiel fast ein Viertel der Gesamtbevölkerung der Gemeinschaft (23 %). Die Bevölkerungsanteile von Italien, Großbritannien und Frankreich waren mit jeweils knapp 17 % gleich groß und machten zusammen die Hälfte der Bevölkerung der Gemeinschaft aus (vgl. Tab. A 1.1 im Anhang; S. 77).

Tab. 1.1: Bevölkerung nach ausgewählten Altersgruppen in der EG *)

1 000

Alter in Jahren	Jahr					
	1960	1970	1980	1991	2020[1]	
					niedrige Variante	hohe Variante
unter 20..................................	94 013	103 289	100 827	86 697	65 650	93 446
20 bis 59	156 317	160 922	173 548	189 670	183 751	202 947
60 und mehr.........................	45 582	55 853	59 565	68 576	88 500	99 719
Bevölkerung insgesamt	295 912	320 065	333 941	344 942	337 899	396 111
dar.: 80 und mehr.................	4 674	6 244	8 265	11 937	16 690	21 956

*) Gebietsstand am 1.1.1991. – 1) Ergebnisse der Bevölkerungsvorausschätzung.

Quelle: Eurostat: Bevölkerungsstatistik 1993 sowie zwei Szenarios zur langfristigen Bevölkerungsentwicklung in der Europäischen Gemeinschaft, Luxemburg 1991

Jeder fünfte Einwohner der Europäischen Gemeinschaft ist 60 Jahre oder älter

Der Blick auf die bisherige Bevölkerungsentwicklung in der Europäischen Gemeinschaft zeigt, daß vor allem die älteren Bevölkerungsgruppen überproportional zugenommen haben. Seit 1960 hat sich die Gesamtbevölkerung in den heutigen zwölf Mitgliedsländern der Gemeinschaft von 296 Mill. Einwohnern auf 345 Mill. im Jahr 1991 erhöht, das war ein Zuwachs von 16,6 %. Dagegen ist in den vergangenen drei Jahrzehnten die Zahl der älteren Menschen – hiermit sind die 60jährigen und älteren Einwohner angesprochen – von 45,6 Mill. auf 68,6 Mill. gestiegen, was eine Zunahme von 50 % bedeutet. 1960 betrug der Anteil der älteren Menschen an der Gesamtbevölkerung der Gemeinschaft noch 15,4 %, 1991 machte er schon 20 % aus. Noch stärker war der Anstieg der Zahl der Hochbetagten (80jährige und Ältere), die sich seit 1960 mehr als verdoppelt hat (+ 154 %) und 1991 11,9 Mill. betrug.

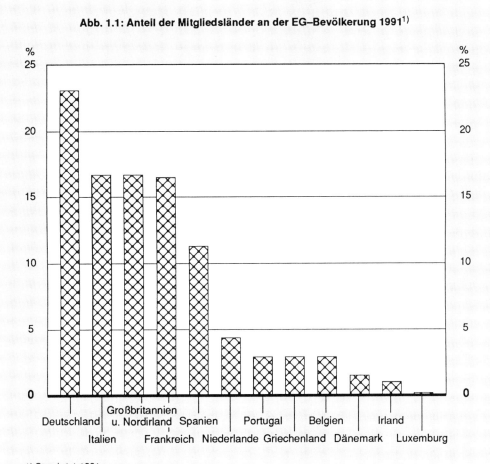

Abb. 1.1: Anteil der Mitgliedsländer an der EG–Bevölkerung 1991[1]

1) Stand: 1.1.1991

Quelle: Eurostat–Bevölkerungsstatistik 1993

Statistisches Bundesamt 93 0649

In den vergangenen 30 Jahren ist damit der Anteil der Hochbetagten an der Gesamtbevölkerung der Gemeinschaft von 1,6 % auf 3,5 % angewachsen. – Die Bevölkerung der Gemeinschaft altert – immer mehr ältere Menschen stehen immer weniger jüngeren Menschen gegenüber.

Bis zum Jahr 2020 Verdoppelung der Zahl älterer Menschen in der Europäischen Gemeinschaft

Die in der Vergangenheit zu beobachtende Zunahme älterer Menschen in der Europäischen Gemeinschaft wird sich in der Zukunft noch verstärken. Nach einer Bevölkerungsvorausschätzung vom Statistischen Amt der Europäischen Gemeinschaft (Eurostat) ist damit zu rechnen, daß im Jahr 2020 rund doppelt so viele ältere Menschen in der Europäischen Gemeinschaft leben werden wie noch im Jahr 1960[1].

Je nach den für die Vorausschätzung getroffenen Annahmen über die Entwicklung der Geburtenhäufigkeit, Lebenserwartung und Nettozuwanderung werden im Jahr 2020 zwischen 88,5 Mill. und rund 100 Mill. ältere Menschen auf dem heutigen Gebiet der Europäischen Gemeinschaft leben, von denen 16,7 Mill. bis 22 Mill. 80 Jahre und älter sein werden.

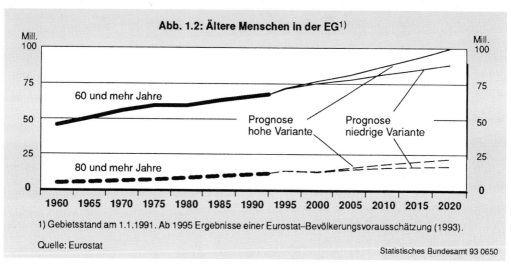

Abb. 1.2: Ältere Menschen in der EG[1]

1) Gebietsstand am 1.1.1991. Ab 1995 Ergebnisse einer Eurostat–Bevölkerungsvorausschätzung (1993).

Quelle: Eurostat

Statistisches Bundesamt 93 0650

Die prognostizierte Bevölkerungsentwicklung zeigt, daß Europa immer älter wird und die damit verbundenen Auswirkungen auf das wirtschaftliche, soziale und politische Leben in der Gemeinschaft immer stärker in das Blickfeld der Öffentlichkeit treten werden. Vor allem die finanziellen und sozialen Herausforderungen an Politik und Gesellschaft werden steigen, die heute schon bei der Gestaltung der Rentenfinanzierung, des Gesundheitsvorsorgesystems und des Pflegebereichs sichtbar werden.

Die sich dramatisch wandelnde Altersstruktur der europäischen Bevölkerung wird oft als eine „stille Revolution" bezeichnet, die bis vor kurzem weitgehend unbemerkt von der Öffentlichkeit und der Politik abgelaufen ist. Diese Veröffentlichung will dazu beitragen, den Informationsstand über die wachsende Bevölkerungsgruppe der älteren Menschen zu verbessern. Es soll dabei ein möglichst umfassendes statistisches Bild über die älteren Menschen in der Gemeinschaft, insbesondere über ihren Altersaufbau und ihre Zusammensetzung sowie über ihre Lebensformen und Lebensbedingungen, entworfen werden. Im Vordergrund steht die Darstellung von vielfältigen Informationen aus den zwölf Mitgliedsländern der Gemeinschaft, um so einen umfassenden EG-Vergleich der Lebenssituation älterer Menschen zu erreichen.

---

1) Vgl. Eurostat: Bevölkerungsstatistik 1993.

Im Blickpunkt: Ältere Menschen

Aufgrund der zur Zeit noch uneinheitlichen und unvollständigen Datenlage in den einzelnen EG-Ländern ist der Vergleich jedoch noch stark eingeschränkt und lückenhaft, so daß im wesentlichen nur demographische sowie ausgewählte soziale Strukturmuster dargestellt werden können.

1.2 Altersstruktur

Altersaufbau in der Europäischen Gemeinschaft heute
– Spiegel einer hundertjährigen Entwicklung –

Die Veränderung der Altersstruktur der Bevölkerung kann durch die Darstellung der „Alterspyramide" besonders anschaulich aufgezeigt werden.

Die **Alterspyramiden** der europäischen Länder sind – anders als in früheren Jahrzehnten und Jahrhunderten – fast alle durch einen schmalen Sockel und einen relativ breiten Oberbau gekennzeichnet.

Sie spiegeln eine hundertjährige Entwicklung wider, die zunächst durch sehr hohe Geburten- und Sterberaten gekennzeichnet war. Die Altersstrukturen lassen ferner den sog. „demographischen Übergang" erkennen, der bei nahezu unverändert hohem Geburtenniveau und rückläufiger Sterblichkeit viele Jahre zu hohen Geburtenüberschüssen führte. Die zunehmende Lebenserwartung trug insbesondere zu einer allmählichen Verbreiterung der oberen Hälfte der Alterspyramide bei, während das nach wie vor hohe Geburtenniveau den heute relativ breiten Mittelbau prägte.

Auch der nachfolgende Geburtenrückgang, der sich als Anpassung an die zuvor gesunkene Sterblichkeit versteht, ist aus den Pyramiden abzulesen, ebenso wie der mehr oder weniger stark ausgeprägte „Babyboom" der 60er Jahre. Der Fuß der Pyramiden zeigt demgegenüber, wie der Ende der 60er Jahre in den meisten europäischen Ländern einsetzende extreme Geburtenrückgang den Altersaufbau „auf den Kopf gestellt" hat: die niedrige Geburtenzahl, die in vielen Ländern sogar unter der Zahl der Sterbefälle lag, führte so erstmals in der Geschichte zu einem nachhaltigen „Sterbeüberschuß", einem Phänomen, das vielfach auch als weiterer „demographischer Übergang" verstanden wurde.

Der Geburtenrückgang war so nachhaltig, daß er der Alterspyramide vieler Länder das Aussehen eines „Pilzes" verlieh. Besonders deutlich machte er sich im früheren Bundesgebiet bemerkbar, das über viele Jahre die niedrigste Geburtenrate der Welt aufwies, in jüngster Zeit jedoch noch von Italien und Spanien „unterboten" wird. Bemerkenswert ist, daß seit etwa einem Jahrzehnt auch der Fuß der irischen Alterspyramide schmäler wird, da das EG-Land mit der höchsten Geburtenrate nunmehr ebenfalls von der „Baby-Flaute" erfaßt wird.

Die Alterspyramiden verraten auch viel über die Alterstruktur von „morgen": Die jeweilige Stärke der mittleren Generation läßt erkennen, daß sich der Kopf der Alterspyramiden künftig noch mehr verbreitern wird. Hierfür spricht auch die bisher nahezu kontinuierliche Zunahme der Lebenserwartung. Gleichzeitig läßt der Fuß der Pyramiden noch keinen Trend zu einem entscheidenden Anstieg der Geburtenzahlen erkennen. Die in mehreren Ländern zur Zeit geringfügig zunehmende Stärke neu hinzukommender Jahrgänge ist überwiegend darauf zurückzuführen, daß sich heute die relativ stark besetzten Jahrgänge des „Babybooms" im Alter der Familienbildung befinden und auch bei geringer Kinderzahl zu einer – vorübergehenden – Verbreiterung des Sockels der Alterspyramide führen.

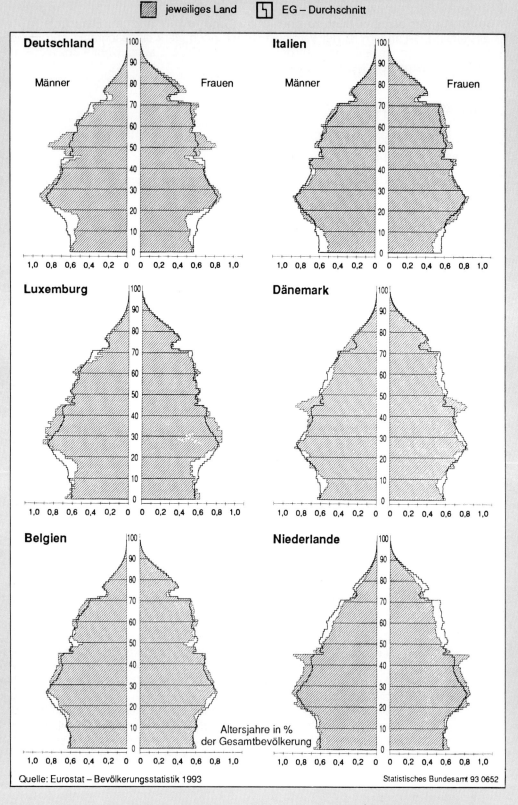

Abb. 1.3: Alterspyramiden der EG – Länder am 1.1.1991
Länder mit besonders starkem Geburtenrückgang in den beiden letzten Jahrzehnten

jeweiliges Land   EG – Durchschnitt

Deutschland   100

Männer   Frauen

Italien   100

Männer   Frauen

1,0 0,8 0,6 0,4 0,2 0   0 0,2 0,4 0,6 0,8 1,0   1,0 0,8 0,6 0,4 0,2 0   0 0,2 0,4 0,6 0,8 1,0

Luxemburg   100

Dänemark   100

1,0 0,8 0,6 0,4 0,2 0   0 0,2 0,4 0,6 0,8 1,0   1,0 0,8 0,6 0,4 0,2 0   0 0,2 0,4 0,6 0,8 1,0

Belgien   100

Niederlande   100

Altersjahre in %
der Gesamtbevölkerung

1,0 0,8 0,6 0,4 0,2 0   0 0,2 0,4 0,6 0,8 1,0   1,0 0,8 0,6 0,4 0,2 0   0 0,2 0,4 0,6 0,8 1,0

Quelle: Eurostat – Bevölkerungsstatistik 1993   Statistisches Bundesamt 93 0652

Abb. 1.4: Alterspyramiden der EG – Länder am 1.1.1991

Länder mit weniger starkern Geburtenrückgang in den beiden letzten Jahrzehnten

jeweiliges Land   EG – Durchschnitt

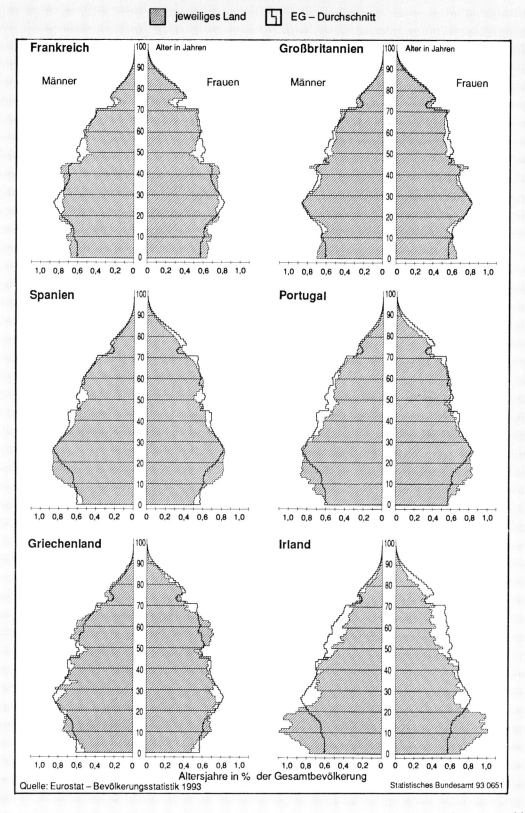

Quelle: Eurostat – Bevölkerungsstatistik 1993

Altersjahre in % der Gesamtbevölkerung

Statistisches Bundesamt 93 0651

Die genannte Entwicklung führt dazu, daß sich der schon jetzt erkennbare Alterungs-prozeß der Bevölkerung Europas weiter fortsetzt. Dieser in der Geschichte einmalige Prozeß ist mit erheblichen Konsequenzen für viele Lebensbereiche verbunden, wobei das Gesundheitswesen, die soziale Sicherung und Altersvorsorge sowie der Arbeits-markt besonders betroffen sind. Noch nicht berücksichtigt ist hierbei das Wanderungs-geschehen. Dieses kann bei Abweichungen der Altersstruktur zu- und fortziehender Personen von der Altersstruktur der einheimischen Bevölkerung den gesamten Alters-aufbau mehr oder weniger stark verändern.

Ein Vergleich der durchschnittlichen Altersstruktur für den gesamten EG-Bereich mit dem Altersaufbau der einzelnen Mitgliedsländer bestätigt, daß sich die genannten Entwicklungen, insbesondere der Babyboom der 60er Jahre und der jüngste Geburten-rückgang, fast überall bemerkbar machten, obgleich es hinsichtlich des zeitlichen Ablaufs und des Ausmaßes der Ereignisse Unterschiede gab. Auch die durch die beiden Weltkriege bedingten Geburtenausfälle zeichnen sich in fast allen EG-Ländern ab.

In den vergangenen drei Jahrzehnten stieg die Zahl der älteren Menschen in der EG um 50 %.

Foto: Presse- und Informationsamt der Bundesregierung

Hinsichtlich des Geburtenrückgangs in den beiden letzten Jahrzehnten, der die Alters-struktur von „morgen" ganz erheblich prägen wird, gibt es folgende typische Unter-schiede: Die meisten der nördlichen EG-Länder (Deutschland, Luxemburg, Belgien, Niederlande, Dänemark), etwas später auch Italien, weisen schon seit etwa zwei Jahrzehnten beträchtliche Geburtenausfälle auf, was zur Folge hat, daß sich die Alterspyramide dieser Länder im unteren Bereich schon früh „verjüngt" hat und neben der Generation der Kinder und Jugendlichen auch schon die Gruppe der jungen Erwachsenen (bis zu etwa 25 Jahren) relativ schwach vertreten ist. Demgegenüber haben Frankreich sowie Großbritannien und Nordirland, ferner Spanien, Portugal, Griechenland und insbesondere Irland erst in einer späteren Phase entsprechende Geburtenausfälle erfahren, was dazu geführt hat, daß sich der schmale Sockel ihrer Alterspyramide auf einen entsprechend kürzeren Zeitraum (auf etwa 10 bis 15 Jahre) erstreckt.

Im Blickpunkt: Ältere Menschen

Bemerkenswert ist, daß nunmehr in allen EG-Staaten (mit Ausnahme von Irland) weniger Kinder zur Welt kommen, als langfristig zur „Bestandserhaltung" erforderlich wären. Ausgehend von den heutigen Geburtenverhältnissen (1990) schenkt eine Frau in ihrem Leben in fast allen EG-Staaten weniger als zwei Kindern das Leben. Die durchschnittliche Kinderzahl schwankt zwischen 1,3 (Italien und Spanien) und 1,8 (Großbritannien und Nordirland, Frankreich). Nur Irland weist mit durchschnittlich 2,2 Kindern ein deutlich höheres Niveau auf[2]. Ein Blick auf die EFTA-Länder und andere Industrienationen zeigt z.T. ähnliche Tendenzen auf, wie sie in den EG-Ländern vorherrschen: Die durchschnittliche Kinderzahl je Frau bewegt sich dort heute (1991) – abgesehen von Island – zwischen 1,5 (Österreich) und 2,1 (Schweden). Island liegt mit durchschnittlich 2,2 Kindern am oberen Ende der Skala und ist damit mit Irland vergleichbar[3]. Von den anderen Industrienationen seien hier nur die USA und Kanada (1990) erwähnt, wo Frauen im Durchschnitt 2 bzw. 1,9 Kinder bekommen[4].

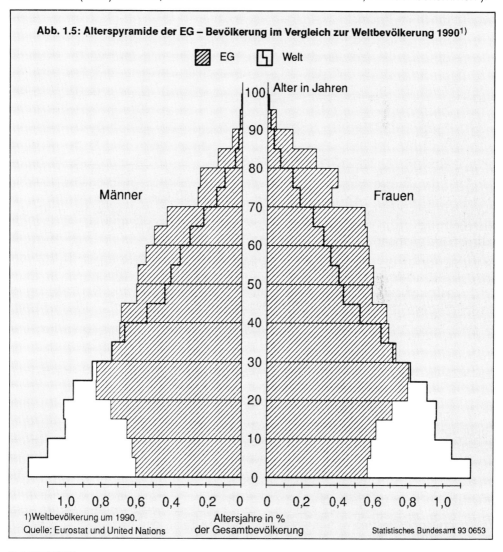

Abb. 1.5: Alterspyramide der EG – Bevölkerung im Vergleich zur Weltbevölkerung 1990[1)]

EG   Welt

100   Alter in Jahren

Männer   Frauen

1,0   0,8   0,6   0,4   0,2   0   0   0,2   0,4   0,6   0,8   1,0

1)Weltbevölkerung um 1990.   Altersjahre in %
Quelle: Eurostat und United Nations   der Gesamtbevölkerung   Statistisches Bundesamt 93 0653

2) Eurostat: Bevölkerungsstatistik 1992, S. 94.
3) Council of Europe: Recent demographic developments in Europe and North America, S. 57.
4) Council of Europe: A.a.O., S. 63.

Vergleicht man die Altersstruktur der EG-Länder mit dem von den Vereinten Nationen geschätzten Altersaufbau der Weltbevölkerung, so wird die schon heute in den Industrienationen eingetretene Alterung der Gesellschaft besonders deutlich. Die Alterspyramide der Weltbevölkerung wird dagegen ganz überwiegend von den Entwicklungsländern geprägt, deren Bevölkerung eine sehr hohe Geburtenhäufigkeit und eine relativ geringe Lebenserwartung aufweist, was eine am unteren Ende sehr breite Alterspyramide zur Folge hat, die sich nach oben schnell verjüngt.

Faßt man die nach Altersjahren differenzierten Aussagen der Alterspyramiden zu gröberen, auf **bestimmte Lebensbereiche bezogenen Eckwerten** zusammen, so werden die Auswirkungen des derzeitigen und – hieraus abzuleitenden – künftigen Altersaufbaus der Bevölkerung in der Europäischen Gemeinschaft noch deutlicher.

Generationen im Wandel

Geht man hierbei von den Lebensphasen **vor Eintritt in das Erwerbsleben**, dem in der Praxis am häufigsten vorkommenden „Erwerbsalter" und dem üblichen **Ruhestandsalter** aus, so bietet sich an, bei der Darstellung der Bevölkerungsentwicklung die Altersgruppen der

unter 20jährigen,
20- bis 59jährigen und
60jährigen und Älteren

herauszugreifen und gesondert zu betrachten.

Der Anteil der **unteren Altersgruppe** an der Gesamtbevölkerung macht heute (1991) im EG-Durchschnitt 25 % aus. Als Folge der bereits geschilderten Unterschiede in der demographischen Entwicklung der einzelnen EG-Länder streut dieser Anteil im EG-Bereich beträchtlich, und zwar von knapp 22 % in Deutschland bis zu 37 % in Irland (vgl. Tab. A 1.2 im Anhang; S. 78).

Ein Rückblick auf die vergangenen Jahrzehnte macht deutlich, daß Kinder, Jugendliche und junge Erwachsene bis unter 20 Jahre früher ein größeres Gewicht hatten. Noch 1970 machten sie knapp ein Drittel (32 %) der EG-Bevölkerung aus. Die Streuung im EG-Bereich bewegte sich damals (1970) zwischen 29 % (Luxemburg) und 40 % (Irland).

Ein Blick in die Zukunft läßt vermuten, daß sich der Schrumpfungsprozeß – ausgehend von dem derzeitigen Geburtenniveau – weiter fortsetzt: Das Statistische Amt der Europäischen Gemeinschaft (Eurostat) hat – wie bereits erwähnt – in zwei Szenarien eine Vorausschätzung der EG-Bevölkerung bis zum Jahr 2020 vorgenommen. Bei der „unteren" Variante, die u.a. von einer nahezu konstanten Geburtenhäufigkeit ausgeht, sinkt der Anteil der jüngsten Generation (unter 20 Jahre) weiter ab, und zwar auf unter 20 %. Nur bei der „oberen" Variante, die von einem wenig realistischen Anstieg des Geburtenniveaus auf durchschnittlich zwei Kinder je Frau ausgeht, kommt der Schrumpfungsprozeß zum Stillstand. Der Anteil der jüngsten Generation ist nach dieser Variante im Jahr 2020 mit 24 % fast genau so hoch wie heute (25 %).

Die **Bevölkerung im Erwerbsalter** (hier: 20 bis 59 Jahre) macht heute 55 % der Bevölkerung im EG-Bereich aus (vgl. Tab. A 1.3 im Anhang; S. 80). Am höchsten ist ihr Anteil in Deutschland (58 %), was einmal auf die stark besetzten Jahrgänge aus der Zeit des Babybooms der 60er Jahre, zum andern auf den ausbleibenden Nachwuchs der letzten beiden Jahrzehnte zurückzuführen ist. Ferner ist zu bedenken, daß sich nunmehr die durch Kriegstote dezimierten Geburtsjahrgänge überwiegend im Rentenalter befinden. Am unteren Ende der Skala liegt Irland, das insbesondere aufgrund seines Kinderreichtums mit 48 % einen relativ geringen Anteil der Bevölkerung im Erwerbsalter aufweist.

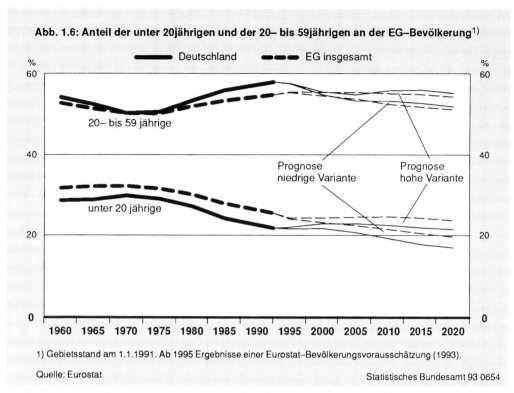

Abb. 1.6: Anteil der unter 20jährigen und der 20– bis 59jährigen an der EG–Bevölkerung[1]

— Deutschland   ■■■ EG insgesamt

20– bis 59 jährige

Prognose niedrige Variante   Prognose hohe Variante

unter 20 jährige

1960 1965 1970 1975 1980 1985 1990 1995 2000 2005 2010 2015 2020

1) Gebietsstand am 1.1.1991. Ab 1995 Ergebnisse einer Eurostat–Bevölkerungsvorausschätzung (1993).

Quelle: Eurostat   Statistisches Bundesamt 93 0654

Ein Vergleich mit früheren Jahrzehnten zeigt, daß sich dieser Anteil im EG-Durchschnitt kaum verändert hat (von 53 % im Jahre 1960 über 50 % im Jahre 1970 und 52 % im Jahre 1980 auf heute 55 %). Dahinter verbergen sich jedoch die bereits geschilderten, weitaus stärkeren Trends bei der jüngeren und älteren Bevölkerung, die jedoch eine gegenläufige Richtung aufwiesen und sich daher weitgehend ausgeglichen haben.

Die von Eurostat errechneten Szenarien bis 2020 lassen erkennen, daß sich hieran auch in den nächsten Jahrzehnten nicht viel ändern wird. Der Anteil der Bevölkerung im Erwerbsalter wird im EG-Durchschnitt nur wenig zurückgehen, und zwar von heute 55 % auf 54 % („untere" Variante) bzw. 51 % („obere" Variante). Obwohl die „obere" Variante wesentlich höhere Zuwanderungssalden aufweist als die „untere" Variante und es sich bei den Zuzügen häufig um Personen im Erwerbsalter handelt, schlägt sich dies nicht in einem entsprechend steigenden Anteil dieser Bevölkerungsgruppe nieder. Dies ist dadurch bedingt, daß bei der „oberen" Variante gleichzeitig eine wesentliche Zunahme der Geburtenhäufigkeit und der Lebenserwartung angenommen wird, was zu einer relativ starken Zunahme sowohl der jüngeren als auch der älteren Generation führt und somit den Anteil der mittleren Generation schmälert.

Zu der **Bevölkerung im Rentenalter** (hier: 60 Jahre und älter) zählen heute (1991) 20 % der EG-Bevölkerung (vgl. Tab. A 1.4 im Anhang; S. 82). Auch dieser Anteil streut beträchtlich, was primär auf die unterschiedlichen Sterblichkeitsverhältnisse zurückzuführen ist. Indirekt beeinflußt auch die in den Mitgliedsländern voneinander abweichende Geburtenhäufigkeit den jeweiligen Anteil der älteren Generation. So verwundert es nicht, daß im kinderreichen Irland heute nur 15 % der Bevölkerung 60 Jahre oder älter sind, während in Belgien, Italien und Großbritannien und Nordirland mehr als ein Fünftel der Bevölkerung (knapp 21 %) dieses Alter erreicht hat.

Ein Blick in die Vergangenheit zeigt eine Entwicklung auf, die spiegelbildlich zu dem bei der jüngsten Generation beobachteten Schrumpfungsprozeß verlaufen ist. Im EG-Durchschnitt hat sich das „Gewicht" der Senioren von 15 % im Jahre 1960 über 18 % im Jahre 1970 auf heute 20 % erhöht. Allerdings hat es auch schon in früheren Jahrzehnten große regionale Unterschiede gegeben. Den niedrigsten Anteil an Senioren wies damals (1960) Portugal mit 12 % auf, während Belgien mit 18 % schon dicht am heutigen EG-Durchschnitt lag.

In den von Eurostat auf die zukünftige Entwicklung bis zum Jahr 2020 bezogenen Szenarien deutet sich eine weitere „Alterung" der Gesellschaft in der Europäischen Gemeinschaft an. Sowohl in der oberen als auch in der unteren Variante steigt der Anteil der älteren Generation (ab 60 Jahre) von heute (20 %) bis zum Jahr 2020 kontinuierlich auf 26 % (untere Variante) bzw. 25 % (obere Variante) an. Hierbei wirkt sich einmal die angenommene Zunahme der mittleren Lebenserwartung um knapp ein Jahr („untere" Variante) bzw. vier bis fünf Jahre („obere" Variante) aus. Die Tatsache, daß es bei der „oberen" Variante trotz einer stärkeren Zunahme der Lebenserwartung am Ende des Vorausschätzungshorizontes einen etwas geringeren Anteil älterer Menschen gibt, ist darauf zurückzuführen, daß diese Variante zugleich einen beträchtlichen Anstieg der Geburtenhäufigkeit und erhebliche Nettozuwanderungen (mit einem relativ günstigen Altersaufbau) unterstellt, während hier die „untere" Variante von wesentlich schwächeren Veränderungen dieser Komponenten ausgeht. Beide Faktoren führen tendenziell zu einem höheren Anteil sowohl der jüngeren als auch der im Erwerbsalter befindlichen Generation und kompensieren somit den von der gleichen Variante ausgehenden Effekt einer stärkeren Zunahme der Lebenserwartung.

Tab. 1.2: Altersstruktur der älteren Menschen in den EG-Ländern *)

Land	60jährige und Ältere	Davon im Alter von ... bis ... Jahren				
		60 - 64	65 - 69	70 - 74	75 - 79	80 und mehr
	1 000	%[1]				
Deutschland............................	16 263	26,8	23,6	14,8	16,3	18,5
Belgien....................................	2 062	27,2	25,3	15,4	14,9	17,1
Dänemark................................	1 046	23,3	22,9	19,6	15,8	18,4
Frankreich	10 953	26,6	24,5	14,3	14,9	19,6
Griechenland..........................	2 049	30,1	21,9	16,8	15,5	15,8
Großbritannien u. Nordirland..	11 931	24,3	23,6	18,6	15,7	17,8
Irland......................................	538	25,3	23,5	20,8	15,7	14,6
Italien	11 888	28,0	25,3	15,2	15,7	15,8
Luxemburg..............................	73	29,6	22,5	16,1	15,6	16,2
Niederlande............................	2 612	26,0	23,9	18,7	14,7	16,7
Portugal	1 798	27,9	24,8	18,2	15,4	13,7
Spanien...................................	7 362	28,3	24,3	18,1	14,1	15,3
EG-Länder........................	68 576	26,7	24,2	16,2	15,5	17,4

*) Stand: 1.1.1991. – 1) Anteil von Spalte 1.

Quelle: Eurostat: Bevölkerungsstatistik 1993

Bemerkenswert ist, daß nach den beiden Szenarien der Anteil der älteren Generation (60 Jahre und älter) in knapp drei Jahrzehnten mit 26 % („untere" Variante) bzw. 25 % („obere" Variante) über dem der jüngeren Generation (20 % in der „unteren" Variante und 24 % bei der „oberen" Variante) liegen wird.

Senioren in Europa – eine wachsende Generation

Die ständig steigende Lebenserwartung und die damit einhergehende Zunahme der älteren Bevölkerung lassen es sinnvoll erscheinen, diese Generation weiter zu differenzieren. Hierbei ergibt sich folgendes Bild: Von den 68,6 Mill. älteren Menschen, die 1991 in der Europäischen Gemeinschaft lebten, war die Hälfte zwischen 60 und 69 Jahre, fast ein Drittel (31,7 %) zwischen 70 und 79 Jahre alt, und über 17 % (11,9 Mill. Personen) hatten bereits das neunte Lebensjahrzehnt erreicht.

Besonders deutlich ist der wachsende Anteil der „Hochbetagten" (hier: 80 Jahre und älter). Bezieht man alle Senioren (hier: 60 Jahre und älter) sowie die „Hochbetagten" jeweils auf die Bevölkerung insgesamt, so zeigt sich folgende Entwicklung (vgl. Tab. A 1.5 im Anhang; S. 84):

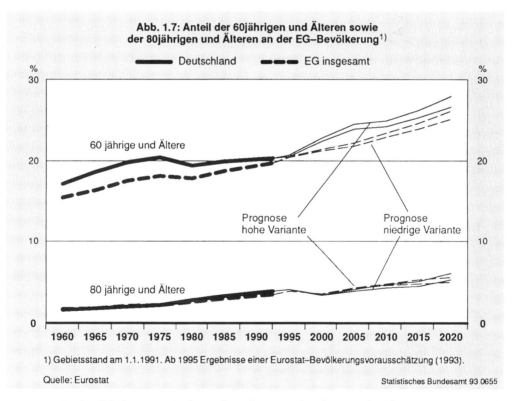

Abb. 1.7: Anteil der 60jährigen und Älteren sowie der 80jährigen und Älteren an der EG–Bevölkerung[1]

1) Gebietsstand am 1.1.1991. Ab 1995 Ergebnisse einer Eurostat–Bevölkerungsvorausschätzung (1993).

Quelle: Eurostat

Statistisches Bundesamt 93 0655

Während in der EG-Region 20 % der Bevölkerung das Rentenalter (hier: 60 Jahre und älter) erreicht haben, macht der Anteil der „Hochbetagten" 3,5 % aus. Der Anteil der Hochbetagten streut ähnlich wie der Anteil der Bevölkerung im Rentenalter. Er bewegt sich zwischen 2,2 % (Irland) und 3,8 % (Deutschland und Frankreich).

In der Vergangenheit spielten die „Hochbetagten" zahlenmäßig nur eine sehr geringe Rolle. Die steigende Lebenserwartung und auch das Nachrücken relativ starker und durch Kriegsverluste weniger dezimierter Jahrgänge wird jedoch dazu führen, daß sie in zunehmendem Maße ins „Rampenlicht" treten. Nach der „unteren" Variante der bereits zitierten Szenarien wird ihr Anteil bis zum Jahre 2020 auf 4,9 %, nach der „oberen" Variante auf 5,5 % ansteigen.

**Wirtschaftliche und soziale Konsequenzen des Alterungsprozesses:
Ein steigender Altenquotient**

Als Indikator für das demographische Gleichgewicht einer Gesellschaft im Sinne eines ausgewogenen Verhältnisses von potentiellen Einkommensträgern und sonstigen Personen (Bevölkerung im nicht erwerbsfähigen Alter bzw. im Rentenalter) werden häufig sog. „Lastquotienten" bzw. „Abhängigkeitsquotienten" berechnet.

Darin wird einmal zum Ausdruck gebracht, wie viele Kinder, Jugendliche und junge Erwachsene (hier: bis unter 20 Jahre) auf 100 Personen im Erwerbsalter (hier: 20 bis 59 Jahre) kommen (**Jugendquotient**). Entsprechend wird dargestellt, wie viele Personen im Rentenalter (hier: 60 Jahre und älter) auf 100 Personen im Erwerbsalter (**Altenquotient**) entfallen.

Entsprechend dem derzeitigen Altersaufbau (1991) in der Europäischen Gemeinschaft errechnet sich ein durchschnittlicher **Jugendquotient** von 45,7 und ein durchschnittlicher **Altenquotient** von 36,2 (vgl. Tab. A 1.6 und Tab. A 1.7 im Anhang; S. 86). Hierbei gibt es von Land zu Land mitunter erhebliche Abweichungen. Dies gilt insbesondere für den Jugendquotienten. Am niedrigsten ist er in Deutschland (37,5). Ursache dafür ist, daß das frühere Bundesgebiet für mehr als ein Jahrzehnt die niedrigste Geburtenrate der Welt hatte. Mehr als doppelt so hoch ist er dagegen in Irland (76,5), was auf den bereits geschilderten Kinderreichtum dieses Landes zurückzuführen ist.

In den vergangenen Jahrzehnten hat der **Jugendquotient** kontinuierlich abgenommen, 1970 betrug er im EG-Durchschnitt noch 64,2. Irland wies damals (1970) mit 89,9 den höchsten und Luxemburg mit 55,3 den niedrigsten Wert auf. Den stärksten Rückgang hat Deutschland zu verzeichnen, wo der Jugendquotient von 59,5 (1970) auf 37,5 (1991) gefallen ist.

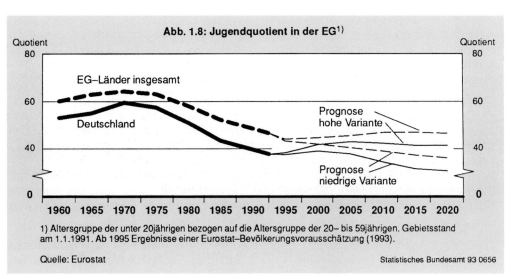

Abb. 1.8: Jugendquotient in der EG[1)]

1) Altersgruppe der unter 20jährigen bezogen auf die Altersgruppe der 20– bis 59jährigen. Gebietsstand am 1.1.1991. Ab 1995 Ergebnisse einer Eurostat–Bevölkerungsvorausschätzung (1993).

Quelle: Eurostat

Statistisches Bundesamt 93 0656

Nach den von Eurostat vorgenommenen Modellrechnungen wird sich der **Jugendquotient** künftig – je nach Variante – sehr unterschiedlich entwickeln. Bei der „oberen" Variante, die von einem wenig realistischen Anstieg der durchschnittlichen Kinderzahl je Frau von heute 1,6 auf 2,0 im Jahr 2020 ausgeht, steigt der Quotient im EG-Durchschnitt nur geringfügig an (von 45,7 auf 46,4). Bei der „unteren" Variante, die von nahezu konstanter Geburtenhäufigkeit ausgeht, fällt er dagegen stark ab (auf 36,1).

Der **Altenquotient** hat sich in den einzelnen Mitgliedsländern während der letzten Jahrzehnte unterschiedlich entwickelt. Während er seit 1970 in einigen „alten" EG-Ländern kaum zugenommen hat, ist er vor allem in den südlichen Mitgliedsländern (Italien, Griechenland, Spanien, Portugal) kräftig angestiegen.

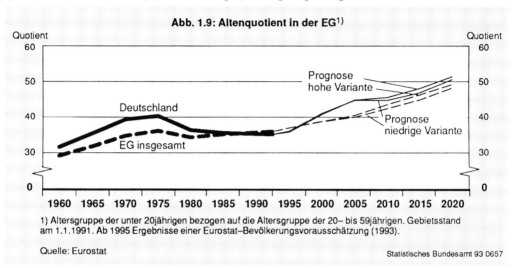

Abb. 1.9: Altenquotient in der EG[1)]

1) Altersgruppe der unter 20jährigen bezogen auf die Altersgruppe der 20– bis 59jährigen. Gebietsstand am 1.1.1991. Ab 1995 Ergebnisse einer Eurostat–Bevölkerungsvorausschätzung (1993).

Quelle: Eurostat

Statistisches Bundesamt 93 0657

Die künftige Entwicklung des **Altenquotienten** ist in den beiden von Eurostat errechneten Szenarien durch einen beträchtlichen Anstieg gekennzeichnet – im EG-Durchschnitt von heute 36,2 auf 49,1 bzw. 48,1 im Jahr 2020 in der „oberen" bzw. „unteren" Variante. Bemerkenswert ist hierbei, daß es in der oberen Variante trotz eines wesentlich höheren Zuwanderungssaldos mit einer vergleichsweise günstigen Altersstruktur zu einem nur geringfügig günstigeren Altenquotienten kommt als bei kleinen Zuwanderungssalden. Damit wird deutlich, daß die durch das langfristig niedrige Geburtenniveau bedingten Einschnitte in der Alterspyramide auch nicht durch erhebliche Zuwanderungssalden ausgeglichen werden können. Hierbei spielt die Annahme eine wesentliche Rolle, daß sich das Geburtenverhalten der einheimischen Bevölkerung auf das Verhaltensmuster der zugezogenen Personen und damit auch auf deren Altersaufbau überträgt.

Sowohl der **Jugendquotient** als auch der **Altenquotient** streuen auch in Zukunft ganz erheblich von Land zu Land. Nach der „oberen" von Eurostat gerechneten Variante bewegt sich der Jugendquotient im Jahr 2020 zwischen 57,4 (Irland) und 41,4 (Deutschland) bzw. 42,7 (Italien), wo sich auch noch in knapp drei Jahrzehnten das niedrige Geburtenniveau auswirkt. Bei der „unteren" Variante liegen die entsprechenden Quoten zwischen 46,4 (Irland) und 30,7 (Deutschland).

Der Altenquotient weist im Jahr 2020 fast gleich große Schwankungen auf. Bei der „oberen" Variante ist er in Italien und Deutschland mit 53,1 bzw. 51,3 am höchsten, während er in Irland nur einen Wert von 37,4 und in Portugal einen solchen von 41,3 erreicht.

Bei der „unteren" Variante fällt die Streuung des Altenquotienten im Europa des Jahres 2020 etwas geringer aus. Die stärkste „Alterung" weisen wiederum Deutschland und Italien mit einem Quotienten von 50,5 bzw. 52,0 auf, während Irland mit einem Wert von 42,8 noch einen relativ geringen Altenquotienten hat, der nur von Portugal mit 41,7 „unterboten" wird.

Unterschiedliche Altersstrukturen in den alten und neuen Bundesländern

Langjährige Unterschiede in der natürlichen Bevölkerungsbewegung (generatives Verhalten und Sterblichkeit) und im Wanderungsverhalten in den beiden Teilen Deutschlands haben dazu geführt, daß sich der heutige Altersaufbau der Bevölkerung in Deutschland aus zum Teil unterschiedlichen Altersstrukturen im früheren Bundesgebiet und in den neuen Ländern und Berlin-Ost zusammensetzt. Dieser Tatbestand soll am Beispiel ausgewählter Eckdaten illustriert werden.

Die Unterschiede in der Altersstruktur werden bei der Betrachtung der jüngeren Generation besonders deutlich. Anfang 1992 betrug im früheren Bundesgebiet der Anteil der Nachwachsenden (unter 20 Jahre) rund ein Fünftel (20,8 %) der Gesamtbevölkerung, in den neuen Ländern und Berlin-Ost machte dieser Anteil fast ein Viertel (24,6 %) aus. In gleicher Weise weichen die Jugendquotienten in West und Ost voneinander ab: Mit 43,7 war er in den neuen Bundesländern deutlich höher als in den alten mit 35,6. In den höheren Altersgruppen fallen die Unterschiede geringer aus. Sie nehmen mit steigendem Alter ab. Die Bevölkerung im Erwerbsalter (hier: 20 bis 59 Jahre) erreichte Anfang 1992 im früheren Bundesgebiet einen Anteil von 58,5 % an der Bevölkerung insgesamt gegenüber gut 56 % in den neuen Ländern und Berlin-Ost. Der Seniorenanteil (hier: 60 Jahre und älter) betrug jeweils rund ein Fünftel (knapp 21 % im früheren Bundesgebiet und 19 % in den neuen Ländern und Berlin-Ost). Auch der Hochbetagtenanteil (hier: 80 Jahre und älter) war in den alten und neuen Bundesländern fast gleich groß (4 % bzw. 3,5 %). Ebenso unterschied sich der Altenquotient im früheren Bundesgebiet (gut 35 %) kaum von dem in den neuen Ländern und Berlin-Ost (34 %).

Tab. 1.3: Altersstruktur der deutschen Bevölkerung 1992 *)

Gebiet	Bevölke-rung	Davon im Alter von ... bis ... Jahren				Jugend-quotient [1]	Alten-quotient [2]
		bis 19	20 - 59	60 und mehr			
				zu-sammen	dar. 80 und mehr		
	1 000	%					
Früheres Bundesgebiet..........	64 485	20,8	58,5	20,7	3,9	35,6	35,4
Neue Länder und Berlin-Ost..	15 790	24,6	56,2	19,2	3,5	43,7	34,1
Deutschland......................	80 275	21,5	58,0	20,4	3,8	37,1	35,2

*) Stand: 1.1.1992. – 1) Altersgruppe der bis 19jährigen bezogen auf die Altersgruppe der 20- bis 59jährigen. – 2) Altersgruppe der 60jährigen und Älteren bezogen auf die Altersgruppe der 20- bis 59jährigen.

Quelle: StBA: Bevölkerungsfortschreibung 1991

Das Alter trägt weibliche Züge

In allen EG-Staaten überwiegt die weibliche Bevölkerung (im EG-Durchschnitt sind gut 51 % der Bevölkerung Frauen und Mädchen), obwohl durchschnittlich mehr Jungen als Mädchen geboren werden – auf 100 Mädchen kommen bei der Geburt etwa 106 Jungen. Diese Relation erklärt sich aus dem höheren Sterberisiko für die männliche Bevölkerung. Es hat zur Folge, daß sich das „Übergewicht" des männlichen Geschlechts mit zunehmendem Lebensalter abbaut und sich schließlich ein wesentlich größerer „Überhang" der weiblichen Bevölkerung herausbildet. Im EG-Durchschnitt kommt dies deutlich zum Ausdruck:

Von der jüngeren Generation (hier: unter 20 Jahre) sind gut 51 % männlichen Geschlechts. Dieser Prozentsatz sinkt zunächst allmählich (auf gut 50 % bei den 40- bis 49jährigen). Bei den 50- bis 59jährigen gibt es mit knapp 51 % erstmals einen leichten Frauenüberschuß, der aber mit den folgenden Lebensjahren relativ rasch ansteigt und

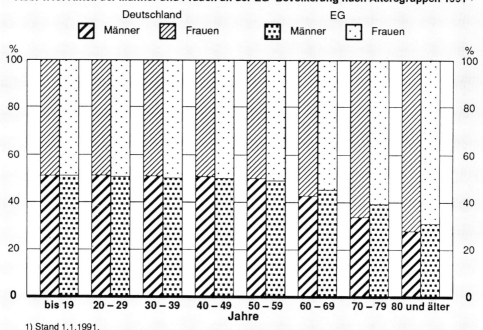

Abb. 1.10: Anteil der Männer und Frauen an der EG–Bevölkerung nach Altersgruppen 1991[1])

1) Stand 1.1.1991.

Quelle: Eurostat–Bevölkerungsstatistik 1993

Statistisches Bundesamt 93 0658

bereits bei den 60- bis 69jährigen 54,5 % ausmacht. Bei den höheren Altersgruppen macht sich das höhere Sterberisiko der Männer immer stärker bemerkbar, so daß der Frauenanteil rapide ansteigt (auf knapp 61 % bei den 70- bis 79jährigen und schließlich 69 % bei der Generation der 80jährigen und Älteren). Dabei darf allerdings nicht übersehen werden, daß die Alterspyramide auch durch andere Einflüsse geformt wird. Hervorzuheben ist hier, daß die Generation der heute hochbetagten Männer durch Kriegseinflüsse (1. Weltkrieg) wesentlich stärker dezimiert wurde als die gleichaltrige weibliche Bevölkerung. Mit dem Nachrücken jüngerer Generationen wächst sich dieser „geschlechtsspezifische" Unterschied aus, so daß es tendenziell zu einer Verringerung des Frauenüberschusses in dieser Altersgruppe kommen dürfte.

Mit zunehmendem Alter der Bevölkerung wachsen auch die strukturellen Unterschiede zwischen den EG-Ländern: So gibt es bei der Generation der Hochbetagten in Deutschland den höchsten Frauenanteil (72 %), während in Griechenland weniger als 60 % sowie in Irland und Spanien knapp 66 % dieser Altersgruppe Frauen sind.

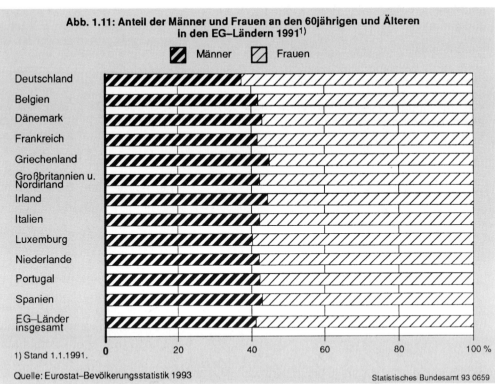

Abb. 1.11: Anteil der Männer und Frauen an den 60jährigen und Älteren in den EG–Ländern 1991[1])

Männer ▨ Frauen ▨

Deutschland
Belgien
Dänemark
Frankreich
Griechenland
Großbritannien u. Nordirland
Irland
Italien
Luxemburg
Niederlande
Portugal
Spanien
EG–Länder insgesamt

0   20   40   60   80   100 %

1) Stand 1.1.1991.

Quelle: Eurostat–Bevölkerungsstatistik 1993

Statistisches Bundesamt 93 0659

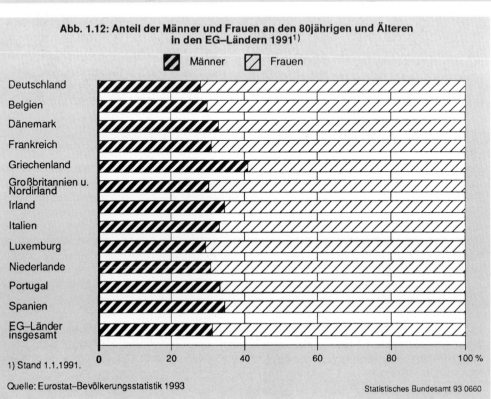

Abb. 1.12: Anteil der Männer und Frauen an den 80jährigen und Älteren in den EG–Ländern 1991[1])

Männer ▨ Frauen ▨

Deutschland
Belgien
Dänemark
Frankreich
Griechenland
Großbritannien u. Nordirland
Irland
Italien
Luxemburg
Niederlande
Portugal
Spanien
EG–Länder insgesamt

0   20   40   60   80   100 %

1) Stand 1.1.1991.

Quelle: Eurostat–Bevölkerungsstatistik 1993

Statistisches Bundesamt 93 0660

Im Blickpunkt: Ältere Menschen

Weniger Ausländer im Rentenalter

Der Ausländeranteil in den einzelnen EG-Ländern ist das Ergebnis langjähriger Wanderungsbewegungen und in zunehmendem Maße auch der natürlichen Bevölkerungsbewegung (Geburtenüberschüsse). Die Wanderungsströme wurden vielfach durch die Suche nach Arbeitsplätzen bestimmt, in deren Folge es zu Nachzügen von Familienangehörigen gekommen ist. Im Zuge der Verwirklichung des europäischen Binnenmarktes und der damit verbundenen freien Berufsausübung und Niederlassungsfreiheit der Erwerbstätigen spielen die Wanderungen in der Europäischen Gemeinschaft auch künftig eine bedeutsame Rolle. In zunehmendem Maße macht sich auch die Einwanderung aus ost- und südeuropäischen Ländern und der Dritten Welt bemerkbar.

Die ausländische Bevölkerung in den EG-Ländern ist im Schnitt „jünger" als die einheimische Bevölkerung.

Foto: Presse- und Informationsdienst der Bundesregierung

Zur Zeit sind die Anteile von Ausländern in mehreren Ländern der Gemeinschaft noch als geringfügig anzusehen: In der Hälfte der zwölf Mitgliedsländer waren es 1991 bis zu 3% (Dänemark, Irland, Griechenland, Italien, Spanien, Portugal). Höhere Anteile an Ausländern weisen heutzutage Belgien (9,1 %), Deutschland (6,7 %), Frankreich (6,3 %) und Luxemburg (30 %) auf, wobei in Luxemburg die hohe Zahl der hier ansässigen EG-Bediensteten und deren Familien am meisten ins Gewicht fällt.

Faßt man die Ausländer in der Europäischen Gemeinschaft nach der Staatsangehörigkeit eines Mitgliedslandes bzw. Nicht-Mitgliedslandes zusammen, dann erhält man auch Hinweise auf das Ausmaß der Binnenwanderung innerhalb der Europäischen

Gemeinschaft. Die höchsten Anteile an Ausländern aus einem anderen EG-Land an allen Ausländern haben Luxemburg (88,9 %), Irland (78,1 % – hier sind es fast ausschließlich Briten) und Belgien (60,9 % – hier handelt es sich überwiegend um Italiener). Andererseits kommen die in Dänemark (17,3 %), Italien (19,1 %), Griechenland (23,7 %), den Niederlanden (24,3 %), Portugal (26,7 %) und Deutschland (26,9 %) lebenden Ausländer nur zu einem geringen Anteil aus einem EG-Land.

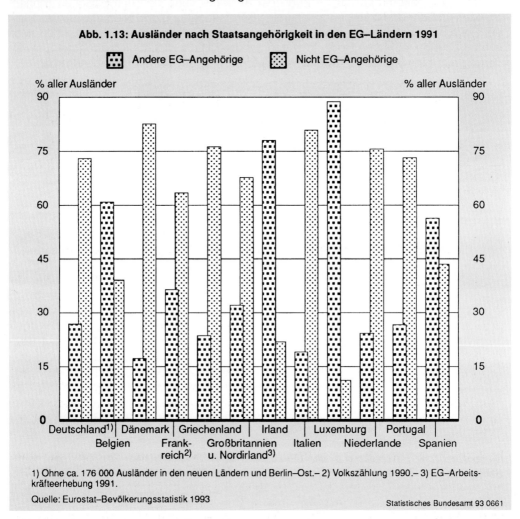

Abb. 1.13: Ausländer nach Staatsangehörigkeit in den EG–Ländern 1991

Andere EG–Angehörige   Nicht EG–Angehörige

1) Ohne ca. 176 000 Ausländer in den neuen Ländern und Berlin–Ost.– 2) Volkszählung 1990.– 3) EG–Arbeitskräfteerhebung 1991.

Quelle: Eurostat–Bevölkerungsstatistik 1993

Statistisches Bundesamt 93 0661

Die meisten Nicht-EG-Angehörigen lebten 1991 in Deutschland (3,9 Mill.), Frankreich (2,3 Mill.) sowie Großbritannien und Nordirland (1,6 Mill.), die überwiegend aus den früheren Anwerbeländern für ausländische Arbeitnehmer (Türkei, ehemaliges Jugoslawien in Deutschland) oder mehrheitlich aus den früheren Kolonialgebieten (in Frankreich bzw. Großbritannien und Nordirland) stammen (vgl. Tab. A 1.8 im Anhang; S. 88).

Es ist aber zu bedenken, daß es sich hier um Ausländer im juristischen Sinn handelt. Die Zahl der in den Mitgliedsländern lebenden Personen mit ausländischer Staatsangehörigkeit hängt auch davon ab, wie leicht oder schwierig es ist, die Staatsbürgerschaft des gewählten Landes zu erwerben.

Im Blickpunkt: Ältere Menschen

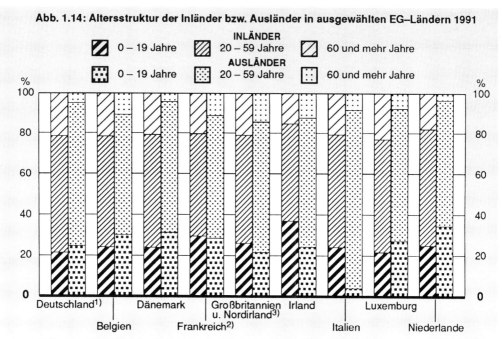

Abb. 1.14: Altersstruktur der Inländer bzw. Ausländer in ausgewählten EG–Ländern 1991

INLÄNDER
- 0 – 19 Jahre
- 20 – 59 Jahre
- 60 und mehr Jahre

AUSLÄNDER
- 0 – 19 Jahre
- 20 – 59 Jahre
- 60 und mehr Jahre

Deutschland[1]) / Belgien / Dänemark / Frankreich[2]) / Großbritannien u. Nordirland[3]) / Irland / Italien / Luxemburg / Niederlande

1) Ohne ca. 176 000 Ausländer in den neuen Ländern und Berlin–Ost.– 2) Volkszählung 1990.– 3) EG–Arbeits-kräfteerhebung 1991.

Quelle: Eurostat–Bevölkerungsstatistik 1993

Statistisches Bundesamt 93 0662

Der Vergleich der Altersstrukturen von Inländern und Ausländern macht deutlich, daß in sämtlichen Mitgliedsländern der Anteil der Bevölkerung im Erwerbsalter (20 bis unter 60 Jahre) bei der ausländischen Bevölkerungsgruppe durchweg höher liegt als der entsprechende Anteil der inländischen Bevölkerung. Auffallend hoch ist dieser Anteil in Italien, wo sich 87 % der ausländischen Bevölkerung im Erwerbsalter befinden. Dies hängt damit zusammen, daß hier in letzter Zeit eine starke Zuwanderung ausländischer Arbeitskräfte erfolgt ist, ohne daß bislang in ähnlichem Ausmaß die Familienangehörigen nachgezogen sind, wie es vor allem der sehr geringe Anteil junger Ausländer (unter 20 Jahre) belegt (vgl. Tab. A 1.9 im Anhang; S. 88).

In allen EG-Ländern, für die entsprechende Ergebnisse vorliegen, ist derzeit der Anteil der älteren Ausländer (60 Jahre und mehr) an der gesamten ausländischen Bevölkerung niedriger als der entsprechende „Seniorenanteil" bei der einheimischen Bevölkerung (vgl. Tab. A 1.9; S. 88). Andererseits übertrifft in den meisten EG-Ländern der Anteil junger Ausländer an allen Ausländern den „Jugendlichenanteil" bei der einheimischen Bevölkerung. Zu diesen EG-Ländern zählen Deutschland, Belgien, Dänemark, Luxemburg und die Niederlande.

In den meisten Mitgliedsländern fällt der Anteil der Ausländer im Rentenalter an allen Ausländern unter 10 %, nur in Ländern mit längerer Einwanderungstradition, wie Belgien (11 % ältere Ausländer), Frankreich (11 %) und Großbritannien und Nordirland (15 %), ist der „Altenanteil" bereits höher, ohne aber die entsprechenden Werte der inländischen Bevölkerung zu erreichen.

1.3 Lebensformen älterer Menschen

Im Alter wesentlich mehr verwitwete Frauen als Witwer

Die längere Lebenserwartung des weiblichen Geschlechts und die Tatsache, daß die Mehrzahl der Männer mit jüngeren Frauen verheiratet ist, hat nicht zuletzt zur Folge, daß es bei den Frauen wesentlich mehr Verwitwete gibt als bei den Männern. Die Alterspyramide der EG-Bevölkerung (50jährige und Ältere) nach dem Familienstand (Abb. 1.15) verdeutlicht eindrucksvoll, wie mit dem Alter die Zahl der verwitweten Frauen zunimmt und sich die Zahl der verheirateten Frauen verringert.

In der Europäischen Gemeinschaft sind derzeit vier Fünftel der Männer im Alter von 60 Jahren und älter sowie knapp die Hälfte (46 %) der Frauen über 60 Jahre verheiratet, aber 12 % der Männer dieser Altersgruppe sind verwitwet gegenüber 43 % der Frauen derselben Altersgruppe. Im EG-Vergleich fällt auf, daß in Irland der Anteil der Ledigen an den älteren Menschen am höchsten ist (21 % der Männer und 14 % der Frauen) und entsprechend dazu die Prozentsätze der verheirateten Männer (65 %) und Frauen (41 %) am geringsten sind. Bemerkenswert ist der hohe Anteil verheirateter Männer an den 60jährigen und Älteren in Griechenland mit 86 %, während in Deutschland der Anteil der verwitweten Frauen am höchsten ist (47 %).

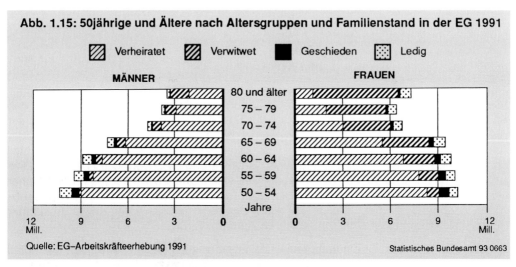

Abb. 1.15: 50jährige und Ältere nach Altersgruppen und Familienstand in der EG 1991

Quelle: EG–Arbeitskräfteerhebung 1991

Statistisches Bundesamt 93 0663

Ältere Menschen leben häufig allein

Mit der Volljährigkeit der Kinder bzw. dem schulischen und beruflichen Abschluß der Kinder nähert sich der Familienzyklus der Phase des „leeren Nestes", in der zunächst nur noch die Ehepartner zusammenleben. Die letzte Phase beginnt naturgemäß mit dem Tod eines Ehepartners. Am Beispiel der familienstatistischen Ergebnisse des Mikrozensus (1991) wird deutlich, wie sich in Deutschland die Haushalts- bzw. Familiengröße mit zunehmendem Lebensalter der Haushaltsmitglieder verringert:

Betrachtet man die Verteilung der Bevölkerung im Alter von 45 bis 64 Jahren auf einzelne Haushaltsformen, dann zeigt sich, daß knapp 13 % von ihr in Einpersonenhaushalten leben. 40 % der Bevölkerung dieser Altersgruppe leben nur mit ihrem Ehepartner zusammen, und weitere rund 43 % bilden Haushalte, in denen Ehepaare

Abb. 1.16: Ältere Menschen nach dem Familienstand in den EG–Ländern 1991[1]

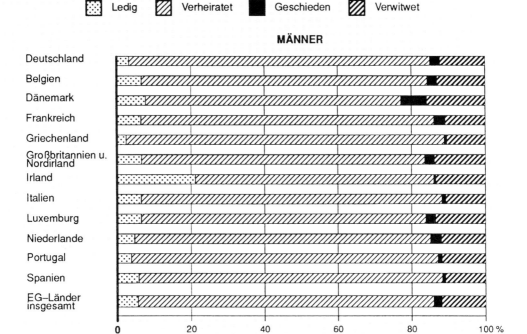

MÄNNER

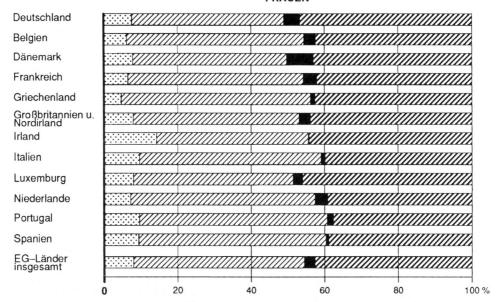

FRAUEN

1) 60jährige und Ältere.

Quelle: EG–Arbeitskräfteerhebung 1991

Statistisches Bundesamt 93 0664

bzw. Alleinerziehende mit ihren Kindern zusammenwohnen. Nur gut 2 % der Bevölkerung lebten in Haushalten mit drei und mehr Generationen. Der Vergleich mit der sich anschließenden Altersgruppe der 65jährigen und älteren Bevölkerung macht deutlich, daß der Anteil der Alleinlebenden mit dem Lebensalter stark ansteigt (41 %). Der Prozentsatz derjenigen, die nur mit ihrem Ehepartner zusammenleben, liegt in dieser Altersgruppe ebenfalls – wenn auch nur geringfügig – höher (43 %). Dagegen lebt nur noch ein kleiner Teil der 65jährigen und Älteren in Haushalten, in denen Ehepartner bzw. Alleinerziehende mit ihren Kindern zusammenwohnen (10 %). Das Zusammenleben von drei und mehr Generationen macht in dieser Altersgruppe knapp 3 % aus (vgl. Tab. A 1.10 im Anhang; S. 89).

Für den EG-Bereich insgesamt liegen zu den Lebensformen der Senioren nur sehr spärliche Angaben vor. Der einzige im Quervergleich darstellbare Tatbestand ist der Anteil der Alleinlebenden an der Bevölkerung in Privathaushalten[5]. Auch fehlen Angaben über die in Alten- und Pflegeheimen bzw. Gemeinschaftsunterkünften lebenden Personen ohne eigene Haushaltsführung.

Die Versorgung und Betreuung von älteren Menschen, die alleine wohnen, stellen mit steigendem Alter der Betroffenen eine wachsende sozialpolitische Aufgabe dar. Der Anteil der Alleinlebenden steigt auch im EG-Durchschnitt mit dem Alter stark an: Während von den 60- bis 64jährigen heutzutage (1991) im Durchschnitt nur 15 % allein leben, ist dieser Anteil bei den 70- bis 74jährigen schon doppelt so groß (30 %) und bei den Hochbetagten (80 Jahre und älter) mehr als dreimal so groß (48 %).

Aufgrund ihrer höheren Lebenserwartung und auch wegen ihres jüngeren Heiratsalters überleben Frauen meistens ihren Partner. Deshalb sind hauptsächlich sie vom Schicksal des Alleinlebens betroffen. In jeder Altersgruppe ist der Anteil der alleinlebenden Frauen mindestens doppelt so groß wie der der alleinlebenden Männer: Während 9 % der männlichen Senioren im Alter von 60 bis 64 Jahren alleine leben, ist es bei den Frauen dieser Altersgruppe bereits ein Fünftel. In der Altersgruppe der 70- bis 74jährigen ist der Anteil der alleinlebenden Frauen (42 %) dreimal so groß wie der bei den Männern (14 %). Von den hochbetagten Frauen (80jährige und Ältere) lebt weit über

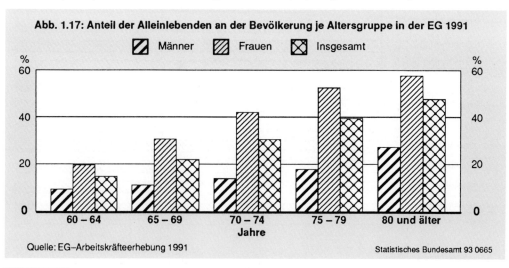

Abb. 1.17: Anteil der Alleinlebenden an der Bevölkerung je Altersgruppe in der EG 1991

Quelle: EG–Arbeitskräfteerhebung 1991   Statistisches Bundesamt 93 0665

---

5) Entsprechende Eckdaten fallen im Rahmen der EG-Arbeitskräftestichprobe an.

die Hälfte in einem Einpersonenhaushalt, von den Männern dieser Altersgruppe ist es gut ein Viertel (27 %).

Auch in regionaler Hinsicht gibt es erhebliche Unterschiede, was die Lebensformen älterer Menschen betrifft. Der Anteil alleinlebender Senioren (hier: Männer und Frauen im Alter von 60 Jahren und mehr) an der Gesamtbevölkerung (ohne Heimbewohner) schwankt zwischen 12 % (Spanien) und 35 % (Deutschland).

Bei den alleinlebenden Hochbetagten werden deren unterschiedliche Lebensumstände in den EG-Ländern noch deutlicher. Während der Anteil der Alleinlebenden an allen über 80jährigen in Privathaushalten lebenden Personen in den Niederlanden (58 %), Deutschland (57 %), Großbritannien und Nordirland (55 %), Belgien (54 %) und Frankreich (50 %) klar über dem EG-Durchschnitt (48 %) liegt, ist dieser Anteil in Spanien (17 %), Portugal (25 %) und Griechenland (28 %) am geringsten.

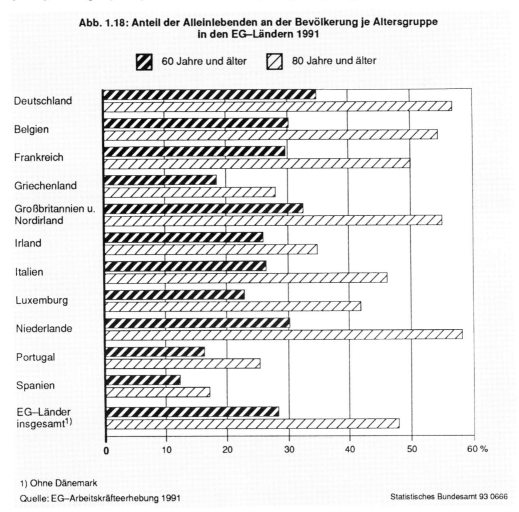

Abb. 1.18: Anteil der Alleinlebenden an der Bevölkerung je Altersgruppe in den EG-Ländern 1991

60 Jahre und älter 80 Jahre und älter

1) Ohne Dänemark

Quelle: EG-Arbeitskräfteerhebung 1991

Statistisches Bundesamt 93 0666

In diesen Anteilen spiegeln sich zugleich die Unterschiede zwischen überwiegend landwirtschaftlich und ausgesprochen industriell geprägten Ländern wider: Während Länder mit einem hohem Anteil der Agrarwirtschaft zugleich einen großen Anteil an

Haushalten mit drei und mehr Generationen aufweisen, ist dieser Anteil in typischen Industrienationen sehr gering. In diesen Ländern dürfte auch der Ausbau von ambulanten Pflegediensten zu dieser Entwicklung beigetragen haben.

Ähnliche Lebensformen der Älteren in alten und neuen Bundesländern

Die bisherigen im EG-Vergleich gemachten Ausführungen über die Lebensformen in Deutschland beziehen sich auf das Bundesgebiet nach der Wiedervereinigung. Da sich jedoch die Lebensverhältnisse in der Vergangenheit in West und Ost unterschiedlich entwickelt haben, soll am Beispiel ausgewählter Eckdaten auch auf die häuslichen und familiären Lebensformen der älteren Menschen im früheren Bundesgebiet sowie in den neuen Ländern und Berlin-Ost eingegangen werden.

Von der über 60jährigen Bevölkerung in Privathaushalten lebten 1992 fast 36 % in den neuen Ländern und Berlin-Ost allein in einem Haushalt, im früheren Bundesgebiet betrug dieser Anteil rund 34 %. Unter den älteren Alleinlebenden sind die Frauen in West wie in Ost ganz eindeutig in der Überzahl. Von den älteren Frauen insgesamt lebten in den neuen Ländern und Berlin-Ost knapp 49 % allein gegenüber rund 46 % im früheren Bundesgebiet, während von den gleichaltrigen Männern nur 14 % (West) bzw. 13 % (Ost) dieses Schicksal teilten.

Mit steigendem Lebensalter nimmt der Anteil alleinlebender Frauen in Deutschland weitaus stärker zu als bei den Männern. So wohnten 1992 in den neuen Ländern und Berlin-Ost 69 % der hochbetagten Frauen (hier: 75 Jahre und mehr) und rund 28 % der hochbetagten Männer in einem Einpersonenhaushalt, im früheren Bundesgebiet waren dies knapp 67 % bzw. rund 24 %.

Tab. 1.4: Alleinlebende ältere Menschen in Deutschland 1992 *)

Geschlecht	Ältere Alleinlebende insgesamt	Im Alter von ... bis ... Jahren			
		60 - 64	65 - 69	70 - 74	75 und mehr
	1 000	%[1]			
Früheres Bundesgebiet					
Männer....................	766	14,3	9,9	11,0	13,1	24,4
Frauen....................	3 835	46,4	23,0	36,0	51,1	66,7
Insgesamt....................	4 601	33,8	16,6	25,8	37,1	53,3
Neue Länder und Berlin-Ost					
Männer....................	146	13,1	8,0	8,2	10,2	27,6
Frauen....................	915	48,8	26,7	40,2	55,3	69,0
Insgesamt....................	1 061	35,5	18,1	28,1	40,2	56,4
Deutschland					
Männer....................	912	14,1	9,6	10,5	12,7	24,9
Frauen....................	4 750	46,9	24,5	38,9	45,8	67,1
Insgesamt....................	5 662	34,1	16,9	26,2	37,6	53,9

*) 60jährige und Ältere. – 1) Anteil der Alleinlebenden an der Bevölkerung in Privathaushalten (ohne Heimbewohner) der jeweiligen Altersgruppe.

Quelle: Mikrozensus 1992

Die Gliederung der älteren Männer und Frauen nach dem Familienstand weist im früheren Bundesgebiet und in den neuen Ländern und Berlin-Ost im wesentlichen ähnliche Strukturen auf. Jeweils mehr als die Hälfte der in den alten und neuen Bundesländern lebenden Senioren war 1992 verheiratet (rund 55 % bzw. 54 %), gut ein Drittel (35 %) war im Westen wie im Osten verwitwet, und die übrigen waren entweder ledig (7 % bzw. 5 %) oder geschieden (4 % bzw. 6 %). Nimmt man den Familienstand zum Maßstab für die Lebensverhältnisse der Senioren, dann sind zwischen den älteren Männern und Frauen sowohl im früheren Bundesgebiet als auch in den neuen Ländern und Berlin-Ost größere Unterschiede festzustellen. Die überwiegende Mehrheit der männlichen Senioren – 1992 waren es rund 80 % im Westen und 81 % im Osten – ist verheiratet und lebt zumeist bis ins hohe Alter mit der Ehepartnerin zusammen. Von den über 60jährigen Frauen waren dagegen 1992 rund 39 % im Westen wie im Osten verheiratet, die Mehrzahl der Frauen dieses Alters war bereits verwitwet (rund 48 % in den alten und 47 % in den neuen Bundesländern).

Tab. 1.5: Familienstand der älteren Menschen in Deutschland 1992 *)

Geschlecht	Insgesamt	Ledig	Verheiratet	Geschieden	Verwitwet
	1 000	%			
Früheres Bundesgebiet					
Männer..................................	5 081	4,2	79,7	3,2	12,9
Frauen...................................	8 275	8,5	39,3	4,3	47,9
Insgesamt..........................	13 356	6,9	54,7	3,9	34,6
Neue Länder und Berlin-Ost					
Männer..................................	1 083	1,6	80,9	3,1	14,4
Frauen...................................	1 946	7,2	38,8	7,4	46,6
Insgesamt..........................	3 029	5,2	53,9	5,8	35,1
Deutschland					
Männer..................................	6 164	3,7	79,9	3,2	13,2
Frauen...................................	10 221	8,3	39,2	4,9	47,7
Insgesamt..........................	16 385	6,6	54,5	4,2	34,7

*) 60jährige und Ältere; Stand: 1.1.1992.

Quelle: StBA: Bevölkerungsfortschreibung 1991

2 Ausgewählte Aspekte aus dem Lebenszyklus älterer Menschen

- Die heute 60jährigen deutschen Frauen haben durchschnittlich 2,2 Kinder geboren.

- Die höchste durchschnittliche Kinderzahl in der EG haben die heute 60jährigen Irinnen (3,5), die niedrigste die Luxemburgerinnen (2,0).

- EG-weit beträgt die Lebenserwartung für heute 60jährige Frauen weitere 22,5 und für heute 60jährige Männer weitere 18,2 Jahre.

2 Ausgewählte Aspekte aus dem Lebenszyklus älterer Menschen

Höhere Kinderzahl bei älteren Generationen

Die im Alter bestehenden Formen des Zusammenlebens (Haushalts- und Familienstrukturen, Haushaltsgröße) bzw. die Kontakte zu ehemaligen Familienmitgliedern werden nicht zuletzt von den in der Familiengründungsphase getroffenen Entscheidungen geprägt.

Je größer beispielsweise die Zahl der eigenen Kinder ist, desto später wird – unter sonst gleichen Gegebenheiten – das letzte Kind den Haushalt verlassen und um so häufiger dürfte es Kontakte zu Kindern bzw. sonstigen Verwandten außerhalb des eigenen Haushalts geben. Insofern ist es von Interesse, wie viele Kinder die heutigen Senioren im Vergleich zu nachfolgenden Generationen haben bzw. hatten. Aus Berechnungen über die durchschnittliche Kinderzahl einzelner Geburtsjahrgänge Deutschlands geht hervor, daß der Geburtsjahrgang 1930, d. h. die „Kohorte" der heute gut 60jährigen Frauen, im statistischen Durchschnitt 2,2 Kinder hatte. (In diesen Durchschnitt gehen allerdings alle Frauen dieses Jahrgangs ein, also auch nicht verheiratete, so daß davon ausgegangen werden kann, daß die durchschnittliche Kinderzahl von verheirateten Frauen dieser Altersgruppe noch deutlich höher lag.) Die etwa zehn Jahre jüngeren Frauen (Geburtsjahrgang 1940, heute mehr als 50 Jahre alt) schenkten schon weniger Kindern das Leben, im Durchschnitt nur noch 2 Kindern. Für die heute etwa 40jährigen Frauen (Geburtsjahrgang 1952) können wegen der noch nicht abgeschlossenen Fruchtbarkeitsperiode keine endgültigen Zahlen genannt werden, wohl aber gut fundierte Schätzungen. Danach werden sie in ihrem Leben durchschnittlich nur noch 1,7 Kinder zur Welt bringen.

Tab. 2.1: Durchschnittliche Kinderzahl ausgewählter Frauenjahrgänge in den EG-Ländern

Land	Durchschnittliche Kinderzahl des Geburtenjahrgangs							
	1930	1935	1940	1945	1950	1952	1954	1956
Deutschland	2,17	2,16	1,98	1,79	1,72	1,69	1,65	1,66
Belgien	2,30	2,28	2,15	1,95	1,83	1,80	1,80	1,80
Dänemark	2,36	2,38	2,24	2,06	1,90	1,86	1,84	1,82
Frankreich	2,63	2,59	2,43	2,24	2,11	2,11	2,11	2,13
Griechenland	2,21	2,02	2,01	2,00	2,07	2,01	2,00	1,97
Großbritannien u. Nordirland	2,35	2,41	2,36	2,17	2,05	2,03	2,01	2,01
Irland	3,50	3,44	3,27	3,27	3,01	2,97	2,81	2,65
Italien	2,29	2,28	2,14	2,07	1,90	1,83	1,79	1,73
Luxemburg	1,97	2,00	.	.	1,71	1,71	1,67	1,68
Niederlande	2,65	2,50	2,21	2,00	1,90	1,87	1,87	1,85
Portugal	2,95	2,85	2,61	2,31	2,02	1,98	1,95	1,95
Spanien	2,59	2,67	2,59	2,43	2,18	2,13	1,94	1,86
EG-Länder insgesamt	.	.	.	.	.	1,92	1,90	1,87

Quelle: Eurostat: Bevölkerungsstatistik 1993

Im Blickpunkt: Ältere Menschen

Entsprechende – allerdings durch wesentlich weniger Beobachtungsjahre gestützte – Schätzungen für jüngere Geburtsjahrgänge haben einen weiter rückläufigen Trend ergeben. Dieser ist jedoch wesentlich schwächer ausgeprägt als die bisherige Entwicklung.

Die rückläufigen Kinderzahlen (von durchschnittlich 2,2 Kindern bei den heute gut 60jährigen Frauen auf durchschnittlich 1,7 Kinder bei den heute etwa 40jährigen Frauen) werden zweifelsohne zu einer Verlängerung der Phase des „leeren Nestes" beitragen. D. h. die heute 40jährigen und wahrscheinlich auch Jüngeren werden noch häufiger als die heutigen Senioren nur mit dem Ehepartner bzw. alleine leben.

Die für Deutschland festgestellten Trends sind im großen und ganzen auch bei unseren europäischen Nachbarn gegeben.

Der Geburtsjahrgang 1930 hatte – wie auch schon aus den Alterspyramiden hervorging – in Irland die höchste Kinderzahl (durchschnittlich 3,5 Kinder je Frau). In Frankreich schenkten Frauen dieses Jahrgangs durchschnittlich 2,6 Kindern das Leben. Am unteren Ende finden sich Luxemburg und die Bundesrepublik Deutschland, wo Frauen des Geburtsjahrgangs 1930 durchschnittlich nur 2,0 bzw. 2,2 Kinder zur Welt brachten.

Für den Geburtsjahrgang 1952 (heute etwa 40 Jahre alt) ergibt sich wiederum in Irland der höchste Wert (3,0 Kinder im Durchschnitt). Den zweithöchsten Wert erreichte dieser Jahrgang in Spanien und Frankreich (jeweils 2,1 Kinder). Das „Schlußlicht" bilden wiederum die Bundesrepublik Deutschland und Luxemburg mit nur 1,7 Kindern je Frau.

Bemerkenswert ist hierbei, daß in allen EG-Ländern Rückgänge zu verzeichnen waren, wenn auch in unterschiedlicher Stärke, so daß es unter sonst gleichen Umständen generell zu kleineren Familien der Senioren von „morgen" kommen dürfte.

Abschließend ist anzumerken, daß sich die unterschiedlichen Lebensverhältnisse in den beiden Teilen Deutschlands auch in entsprechenden Abweichungen in der Zahl der von einzelnen Generationen in Ost und West im Lebensablauf geborenen Kinder niederschlagen. Während Frauen des („Kriegs"-)Jahrgangs 1940 in „West" und „Ost" noch annähernd gleich vielen Kindern das Leben schenkten, haben die unterschiedlichen Gegebenheiten trotz einer allgemein rückläufigen Tendenz schon beim („Nachkriegs"-) Jahrgang 1945 zu deutlich höheren Geburten in der ehemaligen DDR geführt (im statistischen Durchschnitt knapp 1,9 Kinder je Frau, verglichen mit gut 1,8 Kindern je Frau im früheren Bundesgebiet).

Tab. 2.2: Durchschnittliche Kinderzahl ausgewählter Frauenjahrgänge in Deutschland

Gebiet	Durchschnittliche Kinderzahl des Geburtenjahrgangs							
	1930	1935	1940	1945	1950	1952	1954	1956
Früheres Bundesgebiet...........	2,15	2,17	1,97	1,77	1,70	1,64	1,60	1,60
Ehemalige DDR......................	2,19	2,12	1,98	1,86	1,79	1,81	1,82	1,84

Quelle: Eurostat (Hrsg.): Messung und Entwicklung der Fruchtbarkeit in der Europäischen Gemeinschaft, Luxemburg 1992

Dieser Unterschied hat sich mit den folgenden Jahrgängen noch vergrößert. Die 1956 geborenen Frauen schenkten im „Westen" im Durchschnitt nur 1,6 Kindern das Leben, während es im „Osten" mehr als 1,8 Kinder waren. Diese Unterschiede dürften insbesondere auf der im „Osten" relativ günstigen Versorgung mit Einrichtungen zur

Betreuung von Kindern und sonstigen Vergünstigungen für Familien mit Kindern zurückzuführen sein.

Zunahme der Lebenserwartung auch für Ältere

Die in den vergangenen Jahrzehnten ganz erheblich gestiegene Lebenserwartung hat sich deutlich im bereits dargestellten Altersaufbau der Bevölkerung niedergeschlagen. Die ursprünglich spitz nach oben verlaufende Alterspyramide, wie sie noch heute für die Weltbevölkerung typisch ist, hat im mittleren und oberen Bereich mehr und mehr eine „Glockenform" angenommen. Die erhebliche Zunahme der Lebenserwartung ist typisch für Industrienationen. Am Beispiel des früheren Bundesgebietes bzw. des früheren Reichsgebietes läßt sich diese Zunahme gut verdeutlichen: Während die mittlere Lebenserwartung für Neugeborene um die Jahrhundertwende im damaligen Deutschen Reich nur 45 Jahre (Jungen) bzw. 48 Jahre (Mädchen) betrug, errechneten sich aus der letzten Sterbetafel (bezogen auf die Jahre 1988 bis 1990) für das frühere Bundesgebiet 73 bzw. 79 Lebensjahre für Jungen und Mädchen. Die Zunahme ist in erster Linie auf den Rückgang der Säuglings- und Kindersterblichkeit zurückzuführen. Dies wird u.a. aus dem wesentlich geringeren Anstieg der „ferneren" Lebenserwartung 60jähriger Männer und Frauen deutlich, die im gleichen Zeitraum von 13 auf 18 Lebensjahre (Männer) bzw. von 14 auf 22 Lebensjahre (Frauen) zugenommen hat. In jüngster Zeit spielen jedoch Rückgänge der Säuglings- und Kindersterblichkeit eine wesentlich geringere Rolle, da sie sich ohnehin auf einem sehr niedrigen Niveau befindet. Eine zunehmende Bedeutung kommt heute der sinkenden Sterblichkeit der älteren Generation zu, was auf zahlreiche Faktoren, insbesondere auf eine verbesserte medizinische Betreuung, aber auch auf eine gesündere Lebensweise zurückzuführen sein dürfte.

Tab. 2.3: Lebenserwartung Neugeborener und 60jähriger im früheren Bundesgebiet bzw. ehemaligen Reichsgebiet

| Beobachtungsjahr(e) | Lebenserwartung in Jahren | | | |
| | Männer | | Frauen | |
	Neugeborene	60jährige	Neugeborene	60jährige
Reichsgebiet				
1901/10	44,8	13,1	48,3	14,2
1924/26	56,0	14,6	58,8	15,5
1932/34	59,9	15,1	62,8	16,1
Früheres Bundesgebiet				
1949/51	64,6	16,2	68,5	17,5
1960/62	66,9	15,5	72,4	18,5
1970/72	67,4	15,3	73,8	19,1
1980/82	70,2	16,5	79,6	20,8
1983/85	71,2	16,9	77,8	21,4
1984/86	71,5	17,1	78,1	21,6
1985/87	71,8	17,3	78,4	21,7
1986/88	72,2	17,6	78,7	22,0
1987/89	72,4	17,6	78,9	22,1
1988/90	72,6	17,7	79,0	22,2

Aktuelle Ergebnisse aus einzelnen EG-Staaten verdeutlichen, daß sich die Lebenserwartung in allen Mitgliedsländern auf einem hohen Niveau befindet, obgleich es auch hier noch Unterschiede von etwa vier Lebensjahren für Neugeborene bzw. 3 – 4 Jahren in der „ferneren" Lebenserwartung für 60jährige gibt.

Tab. 2.4: Lebenserwartung Neugeborener und 60jähriger in den EG-Ländern

| Land | Jahr | Lebenserwartung in Jahren | | | |
| | | Männer | | Frauen | |
		Neugeborene	60jährige	Neugeborene	60jährige
Deutschland............................	1991	72,1	17,6	78,7	21,9
Früheres Bundesgebiet	1989	72,6	17,7	79,0	22,2
Neue Länder u. Berlin-Ost....	1988/1989	70,0	16,2	76,2	19,8
Belgien	1991	72,8	18,0	79,5	22,8
Dänemark.............................	1991	72,5	17,8	78,0	21,7
Frankreich	1991	72,9	19,2	81,1	24,4
Griechenland.........................	1991	74,6	19,4	79,8	22,4
Großbritannien u. Nordirland ..	1991	73,2	17,7	78,6	21,7
Irland	1991	72,2	16,9	77,7	20,8
Italien....................................	1990	74,0	18,7	80,4	23,2
Luxemburg............................	1991	72,0	18,2	79,1	22,7
Niederlande..........................	1991	74,0	18,2	80,1	23,1
Portugal................................	1991	69,8	17,1	77,3	21,2
Spanien................................	1990	73,3	19,0	80,3	23,2
EG-Länder insgesamt........	1990	72,8	18,2	79,4	22,5

Quelle: Für EG-Länder: Eurostat: Bevölkerungsstatistik 1993 (Schätzung von Eurostat). Früheres Bundesgebiet bzw. neue Länder und Berlin-Ost: Laufende Bevölkerungsstatistik

Nach dem Stand um 1990 betrug die Lebenserwartung Neugeborener im EG-Raum durchschnittlich 72,8 bzw. 79,4 Lebensjahre für Männer bzw. Frauen. Dies bedeutet, daß nach den derzeitigen Verhältnissen die Frauen in der Europäischen Gemeinschaft um 6,6 Jahre älter werden als die Männer.

Die niedrigste Lebenserwartung neugeborener Jungen weist hierbei Portugal mit 69,8 Jahren (1991) auf. Am günstigsten sind die entsprechenden Gegebenheiten in Griechenland mit durchschnittlich 74,6 Lebensjahren (1991) für die männliche Bevölkerung. Neugeborene Mädchen haben die „kürzeste" Lebenserwartung ebenfalls in Portugal (77,3 Jahre), die höchste Lebenserwartung dagegen in Frankreich mit 81,1 Jahren (1991).

Die entsprechende Streuung bei den 60jährigen Männern reicht von 17,1 Lebensjahren (wiederum Portugal) bis 19,4 Lebensjahre (wiederum Griechenland). Bei der weiblichen Bevölkerung bewegt sich die fernere Lebenserwartung 60jähriger zwischen 20,8 Jahren (Irland) und 24,4 Jahren (wiederum Frankreich).

Die erheblich gestiegene Lebenserwartung spiegelt sich auch im Sterbealter wider: Im EG-Durchschnitt starben 1990 nur ein Fünftel der Männer und sogar nur ein Zehntel der Frauen im Alter von weniger als 60 Jahren, d. h. 80 % der gestorbenen Männer und 90 % der gestorbenen Frauen waren mindestens 60 Jahre alt. Das achtzigste Lebensjahr hatte knapp ein Drittel (30,6 %) der gestorbenen Männer und weit über die Hälfte (53,5 %) der gestorbenen Frauen erreicht. Entsprechend dem Unterschied in der Lebenserwartung

Tab. 2.5: Gestorbene 1990 nach Altersgruppen in den EG-Ländern

Land	Insgesamt	Davon im Alter von ... bis ... Jahren				
		unter 60	60 – 69	70 – 79	80 – 89	90 und mehr
	Anzahl	%				
Männer						
Deutschland	425 093	100	22,9	19,8	25,8	27,3	4,2
Belgien....................................	53 022	100	19,1	22,0	28,3	25,9	4,8
Dänemark	31 170	100	18,3	19,0	31,7	25,2	5,8
Frankreich...............................	272 664	100	24,4	20,0	23,3	27,0	5,4
Griechenland	49 433	100	18,0	18,2	28,7	28,4	6,7
Großbritannien u. Nordirland .	314 601	100	16,3	21,8	33,0	25,0	3,9
Irland......................................	16 828	100	17,3	20,5	34,3	24,0	4,0
Italien.....................................	279 289	100	18,6	21,6	30,1	25,2	4,5
Luxemburg	1 880	100	23,2	20,6	28,0	24,5	3,6
Niederlande	66 628	100	18,3	20,0	31,0	24,9	5,9
Portugal..................................	53 439	100	23,9	20,1	29,3	23,1	3,6
Spanien	176 779	100	22,8	20,1	27,1	25,0	5,1
EG-Länder insgesamt	1 740 826	100	20,7	20,5	28,2	26,0	4,6
Frauen						
Deutschland	496 352	100	9,2	11,7	25,4	42,2	11,5
Belgien....................................	51 522	100	10,5	11,6	23,6	40,9	13,4
Dänemark	29 756	100	11,9	13,0	25,4	35,9	13,8
Frankreich...............................	253 537	100	10,9	9,9	19,1	42,0	18,1
Griechenland	44 719	100	9,9	11,3	27,8	38,7	12,3
Großbritannien u. Nordirland .	327 198	100	9,4	13,5	26,6	36,9	13,6
Irland......................................	14 542	100	11,8	14,0	29,5	34,1	10,7
Italien.....................................	258 700	100	9,9	12,4	25,2	40,0	12,6
Luxemburg	1 893	100	13,3	13,4	24,4	38,7	10,2
Niederlande	62 196	100	11,2	11,6	24,0	38,3	14,9
Portugal..................................	49 676	100	12,4	12,3	27,4	37,8	10,0
Spanien	156 363	100	10,8	11,1	24,9	39,9	13,2
EG-Länder insgesamt	1 746 454	100	10,0	11,9	24,7	40,1	13,4

Quelle: Eurostat: Bevölkerungsstatistik 1993

gab es auch eine starke Streuung unter den EG-Ländern. So erreichten bzw. über-schritten in Frankreich nur 75,6 % der gestorbenen Männer die Altersgrenze von 60 Jahren, während dies in Großbritannien und Nordirland bei 83,7 % der gestorbenen Männer der Fall war. Die Altersgrenze von 80 Jahren wurde demgegenüber am seltensten von den Portugiesen (26,7 % der gestorbenen Männer) und am häufigsten von den Griechen (35,1 % der gestorbenen Männer) erreicht.

Bei den Frauen gab es ebenfalls erhebliche Unterschiede im Sterbealter. Was die Altersgrenze von 60 Jahren anbelangt, bildete hier Portugal mit 87,6 % die Unter- und Deutschland mit 90,8 % die Obergrenze. Ein Alter von mindestens 80 Jahren wurde demgegenüber am wenigsten in Irland (44,8 %) und am häufigsten in Frankreich (60,1 %) erreicht.

Die Menschen in allen Mitgliedsländern in der EG haben eine hohe Lebenserwartung – und vielfältige Gestaltungsmöglichkeiten für die Zeit nach dem Ende des aktiven Berufslebens.

Foto: Presse- und Informationsamt der Bundesregierung

Todesursachen: Kreislaufkrankheiten schon bei Männern mittleren Alters eine häufige Todesursache

Aufgrund der zur Zeit noch eingeschränkten Datenlage wird zunächst einmal am Beispiel **Deutschlands** (früheres Bundesgebiet) aufgezeigt, welches Gewicht einzelne Todesursachen im Lebenszyklus von Männern und Frauen haben und welche Todes-ursachen insbesondere im Alter dominieren.

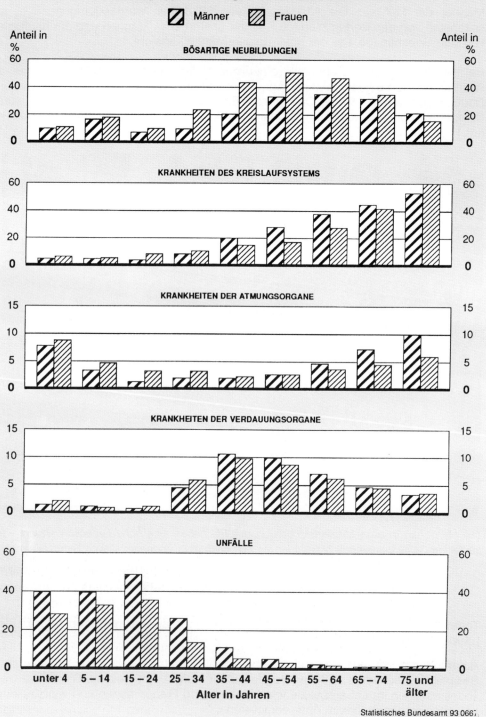

Abb. 2.1: Gestorbene im früheren Bundesgebiet nach Altersgruppen und ausgewählten Todesursachen 1990

Männer Frauen

Anteil in %

BÖSARTIGE NEUBILDUNGEN

KRANKHEITEN DES KREISLAUFSYSTEMS

KRANKHEITEN DER ATMUNGSORGANE

KRANKHEITEN DER VERDAUUNGSORGANE

UNFÄLLE

unter 4 5 – 14 15 – 24 25 – 34 35 – 44 45 – 54 55 – 64 65 – 74 75 und älter

Alter in Jahren

Statistisches Bundesamt 93 0667

Im Blickpunkt: Ältere Menschen

Tab. 2.6: Gestorbene im früheren Bundesgebiet 1990 nach Altersgruppen und ausgewählten Todesursachen

Alter von ... bis ... Jahren	Gestorbene insgesamt	Darunter mit Todesursache				
		Bösartige Neubildungen	Krankheiten des Kreis-laufsystems	Krankheiten der Atmungs-organe	Krankheiten der Verdauungs-organe	Unfälle
Männer						
unter 1	2 954	14	29	58	13	82
1 – 4	589	56	22	34	6	218
5 – 14	621	103	29	21	7	246
15 – 24	4 043	290	157	51	27	1 982
25 – 34	6 324	620	534	126	287	1 648
35 – 44	9 204	1 897	1 853	184	976	1 008
45 – 54	26 344	8 727	7 420	719	2 615	1 356
55 – 64	51 632	18 226	19 545	2 419	3 671	1 221
65 – 74	66 937	21 411	30 026	4 913	3 154	859
75 und mehr	161 791	34 907	86 246	16 249	5 547	2 736
Zusammen	330 439	86 251	145 861	24 774	16 303	11 356
Frauen						
unter 1	2 122	9	20	41	8	53
1 – 4	462	49	26	32	8	119
5 – 14	447	81	24	21	4	147
15 – 24	1 497	148	126	50	16	533
25 – 34	2 472	587	262	82	145	336
35 – 44	5 008	2 178	744	114	493	264
45 – 54	12 539	6 394	2 158	344	1 090	393
55 – 64	25 423	11 919	7 033	934	1 586	445
65 – 74	56 490	19 724	23 531	2 554	2 532	849
75 und mehr	276 436	44 212	167 102	16 554	10 031	6 158
Zusammen	382 896	85 301	201 026	20 726	15 913	9 297

Während bei Kindern, Jugendlichen und jungen Erwachsenen (hier: bis zur Altersgruppe der 15- bis 24jährigen) Unfälle generell die häufigste Todesursache sind, gibt es bei der nächst höheren Altersgruppe (25- bis 34jährige) deutliche Unterschiede zwischen den Geschlechtern: Bei den Männern dieses Alters dominieren noch immer die Unfälle als Todesursache, während sie bei der weiblichen Bevölkerung erst an zweiter Stelle rangieren, da Frauen dieses Alters – bei insgesamt wesentlich niedrigerer Sterblichkeit – häufiger an bösartigen Neubildungen als aufgrund von Unfällen sterben (s. auch Tab. A 2.1 im Anhang; S. 90).

Im mittleren Alter (hier: 35 bis 54 Jahre) sind bösartige Neubildungen insbesondere bei den Frauen die häufigste Todesursache, während sie beim männlichen Geschlecht etwas häufiger in Erscheinung treten als Kreislaufkrankheiten. Diese machen sich beim „starken Geschlecht" – anders als bei den Frauen – schon im mittleren Alter relativ stark bemerkbar. – Grundsätzlich ist auch in diesem Alter zu berücksichtigen, daß es bei den Frauen insgesamt wesentlich weniger Sterbefälle gibt als bei der männlichen Bevölkerung und z. B. trotz der bei Frauen zu verzeichnenden Dominanz bösartiger Neubildungen insgesamt weniger Frauen an dieser Krankheit sterben als Männer.

Bei den Senioren (hier: beginnend mit der Altersgruppe der 55- bis 64jährigen) tritt die Todesursache „Kreislaufkrankheiten" mehr und mehr in den Vordergrund. Bei den 55- bis 64jährigen Männern kommt sie mit 38 %, bezogen auf alle Gestorbenen dieser Altersgruppe, bereits etwas häufiger vor als bösartige Neubildungen (35 %), während sie bei Frauen dieses Alters mit 28 % weniger in Erscheinung tritt als bösartige Neubildungen. Erst bei den noch älteren Senioren einschließlich der „Hochbetagten" dominieren Kreislaufkrankheiten sowohl bei Männern als auch bei Frauen.

Im Durchschnitt der **EG-Länder** zeigt sich ein ähnliches Bild wie in Deutschland. Auch hier sind bei Kindern, Jugendlichen und jungen Erwachsenen Unfälle die häufigste Todesursache. – Bereits bei der Altersgruppe der 25- bis 34jährigen gibt es im EG-Durchschnitt ebenso wie in der Bundesrepublik Deutschland erhebliche Unterschiede zwischen den Geschlechtern: Auch im EG-Durchschnitt sterben Männer dieses Alters überwiegend aufgrund von Unfällen, während Sterbefälle gleichaltriger Frauen – bei insgesamt wesentlich niedrigerer Sterblichkeit des weiblichen Geschlechts – am häufigsten auf bösartige Neubildungen zurückzuführen sind.

Im mittleren Alter (hier: 35 bis 54 Jahre) spielen bösartige Neubildungen auch im EG-Durchschnitt insbesondere bei den Frauen eine dominierende Rolle, während sie beim männlichen Geschlecht etwa ebenso häufig in Erscheinung treten wie Kreislaufkrankheiten.

Bei den Senioren (hier: beginnend mit der Altersgruppe der 55- bis 64jährigen) kommt die Todesursache „Kreislaufkrankheiten" im Durchschnitt der EG-Länder zunächst nicht so häufig vor wie in Deutschland. Sowohl die Männer als auch die Frauen der vorgenannten Altersgruppe sterben vorwiegend an bösartigen Neubildungen. Erst bei den noch älteren Senioren (etwa ab 65 Lebensjahren) stellen Kreislaufkrankheiten auch im EG-Durchschnitt das größte Risiko dar.

Ein Vergleich der Sterblichkeit in einzelnen europäischen Ländern zeigt, daß es zwar ähnliche Schwerpunkte gibt, z. B. ein deutliches Übergewicht der Kreislauferkrankungen als Todesursache, macht aber zugleich deutlich, daß diese Schwerpunkte ein sehr unterschiedliches Gewicht haben.

Die Anteile der an Kreislaufkrankheiten gestorbenen männlichen Senioren (hier: ab 55 Lebensjahren) schwanken zwischen 34 % (Frankreich) und 51 % (Griechenland). Bei den älteren Frauen gab es eine ähnliche Spanne, wenn auch auf höherem Niveau. Sie bewegte sich zwischen 42 % (Frankreich) und 60 % (Griechenland). Krebserkrankungen traten weniger häufig als Todesursache auf. Auch hier gab es zwischen den EG-Ländern erhebliche Unterschiede: Während in Portugal nur 21% der Sterbefälle von männlichen Senioren auf diese Todesursache zurückzuführen waren, machte der entsprechende Anteil in Frankreich und den Niederlanden 32 % aus. Bei den weiblichen Senioren schwankte der Anteil der an Krebs Gestorbenen zwischen 15 % (Griechenland) und 25 % (Dänemark). Auch bei den Erkrankungen der Atmungsorgane gibt es bemerkenswerte Schwankungen. Die „Inselstaaten" Großbritannien und Nordirland sowie Irland haben hier mit 13 % bzw. 14 % bei den Männern und 12 % bzw. 14 % bei den Frauen einen wesentlichen höheren Anteil als die meisten anderen EG-Staaten.

Tab. 2.7: Gestorbene 1989 nach Altersgruppen und ausgewählten Todesursachen in der EG*)

Alter von ... bis ... Jahren	Gestorbene insgesamt		Darunter mit Todesursache			
			Bösartige Neubildungen	Krankheiten des Kreislaufsystems	Krankheiten der Atmungsorgane	Unfälle
	Anzahl		%			
Männer						
unter 1	19 107	100	0,4	1,7	3,3	2,6
1 – 4	3 713	100	10,9	4,3	6,8	30,3
5 – 14	5 218	100	17,6	5,3	3,9	40,1
15 – 24	24 799	100	7,3	4,7	1,9	54,0
25 – 34	30 087	100	10,3	9,1	2,5	32,7
35 – 44	46 155	100	22,1	21,4	2,6	16,2
45 – 54	105 813	100	34,7	29,4	3,2	7,3
55 – 64	248 325	100	38,6	35,3	5,1	3,3
65 – 74	384 997	100	34,0	41,5	8,2	1,9
75 und mehr	764 941	100	21,9	48,0	11,7	2,1
Zusammen	1 633 161	100	27,4	40,4	8,6	4,5
Frauen						
unter 1	13 901	100	0,6	1,7	3,0	2,9
1 – 4	2 771	100	11,8	6,6	7,2	22,1
5 – 14	3 437	100	18,6	7,0	5,1	30,5
15 – 24	8 599	100	13,9	7,9	3,8	36,8
25 – 34	12 248	100	25,7	11,3	3,7	17,2
35 – 44	24 565	100	44,9	14,2	2,9	7,7
45 – 54	53 511	100	51,4	18,1	3,1	4,3
55 – 64	125 248	100	46,3	27,5	4,4	2,5
65 – 74	265 572	100	32,8	41,8	5,7	1,9
75 und mehr	1 105 947	100	15,1	55,1	8,0	2,7
Zusammen	1 615 802	100	22,0	47,7	7,0	3,1

*) Belgien: 1986; Spanien: 1987; Italien: 1988. – Schätzung für 1989 von Eurostat.

Quelle: WHO

Die unterschiedlichen Lebensumstände in den beiden Teilen Deutschlands, insbesondere die im „Osten" weniger günstigen Arbeitsplatzbedingungen und der niedrigere Standard der medizinischen Versorgung der Bevölkerung in der ehemaligen DDR, spiegelte sich in den Sterblichkeitsverhältnissen von alten und neuen Bundesländern deutlich wider: Die Lebenserwartung Neugeborener ist im früheren Bundesgebiet etwa 2 – 3 Jahre höher als im Gebiet der ehemaligen DDR. Sie beträgt nach den letzten vorliegenden Sterbetafeln 72,6 (früheres Bundesgebiet) bzw. 70,0 Lebensjahre (neue Länder und Berlin-Ost) bei den Männern und 79,0 bzw. 76,2 Lebensjahre bei den Frauen. Deutlich sind auch die Unterschiede in der „ferneren Lebenserwartung" 60jähriger Männer und Frauen (1,5 Jahre bei den Männern und 2,4 Jahre bei den Frauen).

Tab. 2.8: Gestorbene im Alter von 55 Jahren und mehr 1988 nach ausgewählten Todesursachen in den EG-Ländern

Land	Gestorbene insgesamt	Darunter mit Todesursache				
		Bösartige Neu-bildungen	Krankheiten des Kreislauf-systems	Krankheiten der Atmungs-organe	Unfälle
	Anzahl	%				
Männer						
Deutschland [1]	276 296	100	26,7	49,1	8,0	1,7
Belgien [2]	49 224	100	28,5	40,5	11,7	2,0
Dänemark	26 146	100	27,3	48,1	8,3	2,8
Frankreich	225 290	100	32,1	34,4	7,6	3,9
Griechenland	42 256	100	24,4	50,6	5,6	2,9
Großbritannien u. Nordirland [1]	284 868	100	26,9	47,8	13,1	1,1
Irland	14 853	100	23,4	50,3	14,4	1,5
Italien	244 085	100	30,4	42,5	8,4	2,6
Luxemburg [1]	1 694	100	26,5	48,6	8,2	1,8
Niederlande	57 035	100	32,1	42,4	9,2	1,6
Portugal [1]	40 926	100	20,6	44,5	8,5	2,8
Spanien [2]	135 590	100	26,0	41,8	11,3	2,3
EG-Länder insgesamt	**1 398 263**	**100**	**28,2**	**43,9**	**9,6**	**2,3**
Frauen						
Deutschland [1]	347 197	100	21,7	55,7	5,0	2,1
Belgien [2]	50 832	100	20,1	46,9	6,4	2,6
Dänemark	26 174	100	25,2	49,4	6,4	3,9
Frankreich	231 456	100	20,5	41,7	6,4	5,1
Griechenland	40 611	100	15,1	59,7	4,9	2,3
Großbritannien u. Nordirland [1]	316 040	100	21,9	48,9	12,2	1,4
Irland	13 351	100	21,0	51,1	13,5	1,9
Italien	239 309	100	21,2	51,6	5,3	3,2
Luxemburg [1]	1 867	100	21,0	53,9	5,4	1,7
Niederlande	53 956	100	24,3	45,9	5,9	2,3
Portugal [1]	41 280	100	15,3	52,8	6,0	1,8
Spanien [2]	134 694	100	17,0	53,1	8,1	1,4
EG-Länder insgesamt	**1 496 767**	**100**	**20,8**	**50,4**	**7,3**	**2,6**

1) Deutschland (früheres Bundesgebiet), Luxemburg, Portugal, Großbritannien und Nordirland: 1989. – 2) Belgien, Spanien: 1986.

Quelle: WHO

3 Ältere Menschen im Berufsleben

- 16 % der Männer und 5 % der Frauen im Alter von 60 Jahren und mehr zählten 1991 noch zu den Erwerbspersonen.

- Im landwirtschaftlichen Sektor ist die Erwerbsbeteiligung Älterer besonders hoch.

- Einer Teilzeitbeschäftigung gingen 44 % der erwerbstätigen Frauen und 16 % der erwerbstätigen Männer im Alter von 60 Jahren und mehr nach.

3 Ältere Menschen im Berufsleben

Fast 10 % der Senioren stehen noch im Erwerbsleben

In der Europäischen Gemeinschaft zählten 1991 4,4 Mill. Männer (16 %) und 2,0 Mill. Frauen (gut 5 %) im Alter von 60 Jahren und mehr zu den Erwerbspersonen; damit standen noch knapp 10 % aller Senioren im Berufsleben. Aufgrund der jeweiligen wirtschaftlichen und sozialpolitischen Gegebenheiten war die Erwerbsbeteiligung der älteren Menschen in den einzelnen EG-Ländern recht unterschiedlich.

Zahlenmäßig wird die Erwerbsbeteiligung mit Hilfe von Erwerbsquoten ausgedrückt. Die Erwerbsquote einer Altersgruppe erfaßt den prozentualen Anteil der im Erwerbsleben Stehenden (Erwerbstätige und Erwerbslose) an allen Personen dieser Altersgruppe. Im EG-Bereich bewegte sich die Erwerbsquote der Senioren 1991 zwischen 22 % (Portugal) und knapp 4 % (Belgien)[1]. Die Erwerbsquoten der älteren Frauen liegen jeweils weit unter denen der männlichen Senioren. Es fällt auf, daß in Portugal ein Drittel der Männer über 60 Jahren zur Erwerbsbevölkerung gehört, in Belgien, Frankreich und Luxemburg ist es mit knapp 7 % der geringste Anteil in der Europäischen Gemeinschaft.

Tab. 3.1: Erwerbsbeteiligung der älteren Menschen*) in den EG-Ländern 1991

Prozent

Land	Erwerbspersonen					
	insgesamt		Männer		Frauen	
	1 000	% [1]	1 000	% [1]	1 000	% [1]
Deutschland [2]	1 126	8,5	782	15,0	344	4,2
Belgien	75	3,7	59	6,9	14	1,2
Dänemark	145	13,7	95	21,0	51	8,5
Frankreich	537	5,1	294	6,6	242	4,0
Griechenland	308	14,2	221	22,1	87	7,4
Großbritannien u. Nordirland	1 560	13,5	1 046	21,3	515	7,8
Irland	81	15,9	64	27,9	17	6,0
Italien	1 118	9,8	834	17,2	284	4,3
Luxemburg	4	5,4	2	6,7	1	2,3
Niederlande	157	6,5	117	11,2	40	2,9
Portugal	451	22,0	288	33,2	165	13,9
Spanien	836	10,4	602	17,2	235	5,2
EG-Länder insgesamt	6 400	9,8	4 406	16,1	1 994	5,3

*) 60jährige und Ältere. – 1) Anteil an der 60jährigen und älteren Bevölkerung in Privathaushalten. – 2) Früheres Bundesgebiet.

Quelle: Eurostat: Erhebung über Arbeitskräfte 1991

---

1) Bei der Berechnung der Erwerbsquote bezieht Eurostat die Erwerbspersonen (Erwerbstätige/Erwerbslose) auf die in Privathaushalten lebende Bevölkerung der jeweiligen Altersgruppe.

Noch immer große Unterschiede in der Erwerbsbeteiligung von Männern und Frauen im Lebenszyklus

Die Erwerbsbeteiligung im Lebenszyklus ist durch einen für Männer und Frauen unterschiedlichen Verlauf gekennzeichnet.

Am Beispiel der Bundesrepublik Deutschland (Ergebnisse für das Jahr 1991, bezogen auf den Gebietsstand vor der Wiedervereinigung) zeigt sich, daß die Erwerbsquote vor Erreichen der Volljährigkeit für beide Geschlechter wegen der Ausbildungszeiten relativ niedrig ist. Bei den Männern erhöht sie sich danach im Verlauf von 20 Lebensjahren auf nahezu 100 % und fällt erst etwa ab dem 50. Lebensjahr deutlich ab. – Bei der weiblichen Bevölkerung erreicht die Erwerbsquote bereits im Alter von 20 bis 24 Jahren mit nur 74 % ihren Höhepunkt, um dann wieder zurückzugehen. Nach einem „Zwischenhoch" im mittleren Alter von 40 bis 44 Jahren (71 %) nimmt sie dann relativ stark ab. Dies hängt damit zusammen, daß westdeutsche Frauen häufig ihre Erwerbstätigkeit – zumindest vorübergehend – zugunsten der Kinderbetreuung und -erziehung aufgeben.

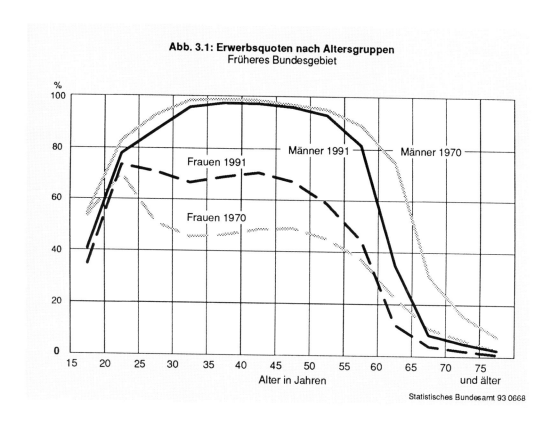

Abb. 3.1: Erwerbsquoten nach Altersgruppen
Früheres Bundesgebiet

Die Erwerbsquote der Senioren weist eine mit zunehmendem Alter stark abnehmende Tendenz auf. Sie macht bei den 55- bis 59jährigen 81 % (Männer) bzw. 44 % (Frauen) aus. Bei der nächst höheren Altersgruppe (60 bis 64 Jahre) beträgt sie dagegen noch 35 % bzw. 12 %, bei den Senioren im Alter von 65 bis 69 Jahren nur noch 8 % bzw. 4 % und bei den 70- bis 74jährigen sogar nur 5 % bzw. 2 %. Bemerkenswert ist, daß von den „Hochbetagten" (hier: 75 Jahre und älter) immerhin noch 2,4 % bzw. 0,8 % zu den Erwerbspersonen zählen.

Bei dieser Betrachtung darf jedoch nicht übersehen werden, daß es sich um einen Querschnitt aus dem Erwerbsverhalten unterschiedlicher Generationen mit ungleichen Lebensschicksalen handelt. Es wird nicht die Erwerbsbeteiligung einer einzelnen Generation im Lebensablauf dargestellt, sondern vielmehr auf die heutige Aktivität verschiedener Altersgruppen bzw. Generationen abgestellt. Bei der Analyse der Ergebnisse ist z. B. zu berücksichtigen, daß die älteren Generationen in früheren Lebensjahren weniger häufig eine schulische bzw. berufliche Ausbildung erfahren und auch weniger häufig im Erwerbsleben gestanden haben und aus diesem Grund heute eine relativ niedrige Erwerbsbeteiligung aufweisen. Die intensivere schulische und berufliche Ausbildung jüngerer Frauen und die hiermit einhergehende höhere Erwerbsbeteiligung im frühen Lebensabschnitt dürfte sich auch auf die künftige Erwerbsbeteiligung dieser Generation auswirken und dazu führen, daß die älteren Frauengenerationen von „morgen" häufiger beruflich aktiv sein werden, als dies heute der Fall ist.

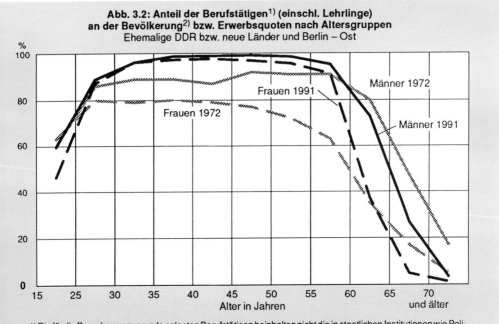

Abb. 3.2: Anteil der Berufstätigen[1] (einschl. Lehrlinge) an der Bevölkerung[2] bzw. Erwerbsquoten nach Altersgruppen
Ehemalige DDR bzw. neue Länder und Berlin – Ost

1) Die für die Berechnung zugrunde gelegten Berufstätigen beinhalten nicht die in staatlichen Institutionen wie Polizei, Armee, Zoll, Parteien und gesellschaftlichen Institutionen Beschäftigten.– 2) Bei der Bevölkerung handelt es sich nicht um die arbeitsfähige, sondern um die Bevölkerung der entsprechenden Altersgruppe am Jahresende.

Statistisches Bundesamt 93 0669

Ein Blick auf die vergangenen zwei Jahrzehnte läßt einen eindeutigen Trend in dieser Richtung erkennen: Die Erwerbsbeteiligung der Frauen hat sich im früheren Bundesgebiet seit 1970 beträchtlich erhöht. So ist z. B. die Erwerbsquote der Frauen im Alter von 30 bis 34 Jahren von 45 % auf 67 % im Jahr 1991 gestiegen, bei den 50- bis 54jährigen Frauen ist im gleichen Zeitraum ein Anstieg von 43 % auf 59 % festzustellen.

Bemerkenswert ist in diesem Zusammenhang auch die vergleichsweise hohe Erwerbsbeteiligung der Frauen in der ehemaligen DDR bzw. in den neuen Bundesländern, die

Im Blickpunkt: Ältere Menschen

sich dort für viele Altersjahre in einer Größenordnung der Erwerbsquoten für die männliche Bevölkerung bewegte.

In manchen europäischen Ländern Erwerbsquoten der Frauen nicht viel niedriger als die der Männer

Betrachtet man die Situation im europäischen Vergleich, so bestätigt sich, daß eine weiter ansteigende Erwerbsbeteiligung der weiblichen Bevölkerung im früheren Bundesgebiet nicht ungewöhnlich wäre. Von den Nachbarn in der Europäischen Gemeinschaft hebt sich insbesondere Dänemark ab, wo im Jahre 1991 77 % der Frauen im Alter von 14 bis 64 Jahren einer Berufstätigkeit nachgingen, während die entsprechende Quote für das frühere Bundesgebiet nur knapp 57 % betrug. Noch größer als in den EG-Ländern ist die Erwerbsbeteiligung der Frauen in Schweden. Nach einer OECD-Statistik für das Jahr 1990 betrug dort ihre Erwerbsquote 81 % und war damit fast so hoch wie die der Männer (rund 85 %). (Vgl. Tab. A 3.1 im Anhang; S. 91)

Tab. 3.2: Erwerbsquoten der 14- bis 64jährigen Bevölkerung*)
in den EG-Ländern 1991

Prozent

Land	Insgesamt	Männer	Frauen
Deutschland [1].........................	68,5	80,2	56,5
Belgien	59,0	70,7	47,3
Dänemark................................	81,1	85,1	77,0
Frankreich	65,4	73,9	57,2
Griechenland...........................	56,4	74,3	39,3
Großbritannien u. Nordirland ..	74,8	84,7	64,9
Irland	59,1	76,4	41,5
Italien......................................	59,1	75,1	43,4
Luxemburg...............................	61,0	76,6	43,6
Niederlande.............................	66,0	78,8	52,8
Portugal...................................	69,0	80,2	58,7
Spanien	57,1	75,0	39,7
EG-Länder insgesamt........	65,3	77,9	52,9

*) Bevölkerung in Privathaushalten. – 1) Früheres Bundesgebiet.

Quelle: Eurostat: Erhebung über Arbeitskräfte 1991

Schon vor Eintritt in das „Rentenalter" starker Rückgang der Erwerbsbeteiligung

Wie schon angedeutet wurde, geht die Erwerbsbeteiligung schon vor dem Eintritt in das gesetzliche Rentenalter deutlich zurück und fällt dann steil ab. Im EG-Durchschnitt ist die Erwerbsquote für die männliche Bevölkerung im Alter von 50 bis 54 Jahren mit 89 % noch relativ hoch, liegt jedoch in der nächst höheren Altersgruppe (55 bis 59 Jahre) mit 73 % wesentlich niedriger, um dann in der nächsten Altersgruppe (hier 60 bis 64 Jahre) auf 37 % zu fallen.

Viele Männer sind aber auch nach Erreichen des 65. Lebensjahres, das in den meisten EG-Ländern die gesetzliche Altersgrenze für eine Erwerbstätigkeit darstellt, noch aktiv: Im EG-Durchschnitt standen 1991 11 % der 65- bis 69jährigen Männer im Berufsleben, von den 70jährigen und älteren waren es immerhin noch fast 4 %.

Bei der weiblichen Bevölkerung bewegte sich die Erwerbsbeteiligung der älteren Generation auf einem wesentlich niedrigeren Niveau, wies aber ähnliche Strukturen wie bei den Männern auf:

Während von den 50- bis 54jährigen Frauen im EG-Durchschnitt noch über die Hälfte (51 %) einer Berufstätigkeit nachging, lag die Erwerbsbeteiligung der höheren Altersgruppen deutlich darunter. Bei den 55- bis 59jährigen Frauen betrug die Erwerbsquote nur noch 36 %. Sie fiel dann auf 15 % bei den 60- bis 64jährigen, auf gut 4 % bei den 65- bis 69jährigen und auf 1 % bei den 70jährigen und Älteren. Dies zeigt zugleich, daß Frauen im allgemeinen früher in den Ruhestand treten als ihre männlichen Kollegen.

Gut zwei Drittel der EG-weit rund 6,4 Millionen Menschen im Alter von 60 und mehr Jahren, die 1991 noch eine Erwerbstätigkeit ausübten, waren Männer.

Foto: Presse- und Informationsamt der Bundesregierung

Tab. 3.3: Erwerbsquoten 1991 nach ausgewählten Altersgruppen in den EG-Ländern

Prozent

Land	Ins-gesamt [1)	Darunter im Alter von ... bis ... Jahren				
		50 - 54	55 - 59	60 - 64	65 - 69	70 u. mehr
Männer						
Deutschland [2)	70,1	92,5	80,2	34,7	7,6	3,3
Belgien	60,4	80,2	50,5	18,1	3,4	(0,9)
Dänemark	73,4	93,2	82,7	48,4	26,1	4,5
Frankreich	63,7	88,4	61,9	14,6	5,3	1,8
Griechenland	63,5	86,4	71,5	45,6	20,5	5,7
Großbritannien u. Nordirland	72,7	89,0	80,8	54,3	15,2	4,9
Irland	68,8	87,5	76,6	57,0	27,3	11,5
Italien	65,5	87,0	67,9	36,8	13,4	4,4
Luxemburg	67,9	86,3	51,6	16,1	.	.
Niederlande	70,0	83,3	64,6	22,8	9,0	4,1
Portugal	71,3	87,9	75,9	59,3	34,4	14,7
Spanien	63,8	88,8	76,3	46,5	7,6	1,5
EG-Länder insgesamt	**67,5**	**88,9**	**72,7**	**37,1**	**11,3**	**3,8**
Frauen						
Deutschland [2)	44,4	57,8	43,3	11,8	3,3	1,3
Belgien	37,5	31,6	17,5	3,7	(1,0)	.
Dänemark	61,1	79,5	65,8	28,6	8,4	(1,1)
Frankreich	46,2	62,1	42,4	12,4	2,4	0,6
Griechenland	32,6	34,7	26,6	15,9	7,6	2,1
Großbritannien u. Nordirland	51,6	68,4	54,5	24,0	7,1	1,5
Irland	35,1	30,8	23,4	14,2	(6,1)	(1,7)
Italien	35,5	35,9	21,1	10,2	4,2	1,3
Luxemburg	35,5	28,2	19,4	(7,4)	.	.
Niederlande	44,3	40,6	23,5	7,6	1,9	1,1
Portugal	49,1	54,0	42,1	28,3	14,9	5,2
Spanien	31,9	30,0	22,5	15,6	3,6	0,6
EG-Länder insgesamt	**42,6**	**50,6**	**35,9**	**14,6**	**4,4**	**1,2**

1) Bezogen auf die 14jährige und ältere Bevölkerung in Privathaushalten. – 2) Früheres Bundesgebiet.

Quelle: Eurostat: Erhebung über Arbeitskräfte 1991

Vergleicht man die Verhältnisse in den EG-Ländern miteinander, so fällt auf, daß die schon im „typischen" Erwerbsalter (hier: 14 bis 64 Jahre) bestehenden Unterschiede in der Erwerbsbeteiligung sich mit zunehmendem Alter vertiefen.

Bei den 50- bis 54jährigen Männern ist die Schwankungsbreite der Erwerbsquote noch relativ gering. Sie bewegte sich 1991 zwischen 80 % (Belgien) und 93 % (Dänemark, früheres Bundesgebiet). Bei der nächst höheren Altersgruppe (55 bis 59 Jahre) schwankte sie zwischen 51 % (Belgien) und 83 % (Dänemark). Bei den Senioren im Alter von 60 bis 64 Jahren streut sie wesentlich mehr, und zwar zwischen 15 % (Frankreich) und 59 % (Portugal), während die Unter- und Obergrenze bei den 65- bis 69jährigen bei 3 % (Belgien) und 34 % (Portugal) liegt.

Bei der weiblichen Bevölkerung gibt es bereits im späten „Erwerbsalter" erhebliche Unterschiede. Bei den 50- bis 54jährigen Frauen lag die Erwerbsquote zwischen 28 % (Luxemburg) und 80 % (Dänemark). In der nächst höheren Altersgruppe erreicht sie Werte zwischen 18 % (Belgien) und 66 % (Dänemark). Im ersten Abschnitt des Rentenalters (hier: 60 bis 64 Jahre) beträgt die niedrigste Erwerbsquote 4 % (Belgien) und die höchste 29 % (Dänemark). Im weiter fortgeschrittenen Alter (65 bis 69 Jahre) bewegt sich die Quote nur noch zwischen 1 % (Belgien) und 15 % (Portugal).

Unterschiedliches gesetzliches Rentenalter in der EG

Die zwischen den EG-Ländern bestehenden Unterschiede in der Erwerbsbeteiligung älterer Menschen dürften vom jeweiligen gesetzlichen (d. h. für die gesetzliche Alterssicherung maßgeblichen) Renteneintrittsalter mit beeinflußt werden. Diese „Grenze" liegt – abgesehen von Dänemark und Italien – durchweg bei 60 bis 65 Jahren, wobei es in manchen Ländern für Frauen eine niedrigere Altersgrenze gibt als für Männer. Dänemark hat mit 67 Lebensjahren für beide Geschlechter die höchste Altersgrenze. In Italien gibt es – allerdings nur für die weibliche Bevölkerung – mit 55 Jahren den frühesten Eintritt in das gesetzliche Rentenalter.

Tab. 3.4: Das allgemeine gesetzliche Rentenalter für abhängig Beschäftigte
in den EG-Ländern 1991

Land	Renteneintrittsalter mit ... Jahren	
	Männer	Frauen
Deutschland	65	65
Belgien	60	60
Dänemark	67	67
Frankreich	60	60
Griechenland	65	60
Großbritannien u. Nordirland	65	60
Irland	65	65
Italien	60	55
Luxemburg	65	65
Niederlande	65	65
Portugal	65	62
Spanien	65	60

Quelle: Eurostat: Schnellbericht „Bevölkerung und soziale Bedingungen", 1/1993

Abb. 3.3: Erwerbstätige nach Wirtschaftsbereichen und Altersgruppen in der EG 1991

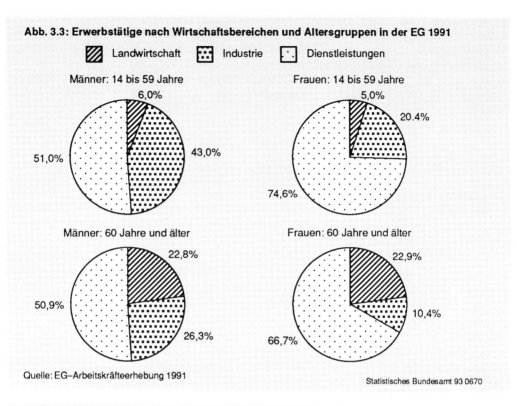

Quelle: EG–Arbeitskräfteerhebung 1991

Statistisches Bundesamt 93 0670

Abb. 3.4: Erwerbstätige nach Stellung im Beruf und Altersgruppen in der EG 1991

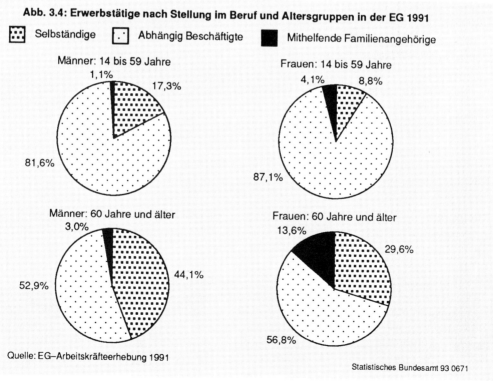

Quelle: EG–Arbeitskräfteerhebung 1991

Statistisches Bundesamt 93 0671

In der Realität findet der Übergang in den Ruhestand wie beschrieben z.T. wesentlich früher statt. In Deutschland z. B. mit durchschnittlich etwa 60 Jahren, obwohl die gesetzliche Altersgrenze hier erst mit dem 65. Lebensjahr erreicht wird. Das vorzeitige Ausscheiden aus dem Arbeitsleben hängt auch von den in den Mitgliedstaaten geltenden Regelungen zum Vorruhestandsgeld für Arbeitnehmer sowie zur vorgezogenen Altersrente ab. Diese tragen dazu bei, daß das Arbeitsleben in den EG-Ländern kürzer wird.

Der landwirtschaftliche Sektor begünstigt die Erwerbsbeteiligung von Senioren

Der landwirtschaftliche Sektor und die mit ihm einhergehende Möglichkeit, ggf. auch noch im Alter aktiv zu sein (insbesondere als Selbständiger oder mithelfender Familienangehöriger), dürfte die Erwerbsbeteiligung von Senioren wesentlich mehr beeinflussen als die gesetzliche „Altersgrenze".

Leider liegen entsprechend strukturierte Erwerbstätigenquoten für Senioren nicht für einzelne EG-Länder, sondern nur für die Europäische Gemeinschaft insgesamt vor. Diese lassen erkennen, daß von den erwerbstätigen Senioren (hier: 60 Jahre und älter) im Vergleich zur Erwerbsbevölkerung (hier: 14 bis 59 Jahre) relativ viele in der Landwirtschaft arbeiten. Während z.B. von den erwerbstätigen Männern im Alter von mindestens 60 Jahren 1991 23 % der Landwirtschaft zuzuordnen waren, machte dieser Anteil bei den 14- bis 59jährigen nur 6 % aus. Dagegen waren im industriellen Sektor wesentlich weniger ältere Männer beschäftigt als Männer im Alter von 14 bis 59 Jahren (26 % gegenüber 43 %).

Bei der weiblichen Erwerbsbevölkerung entsprachen die Anteile der in der Landwirtschaft Beschäftigten (5 % der Frauen im Alter von 14 bis 59 Jahren und 23 % im Alter über 60 Jahren) denen der Männer.

Hinsichtlich der Stellung im Beruf gibt es ähnliche Unterschiede zwischen „jung" und „alt". Hierbei ist einmal der mit dem Alter stark zunehmende Anteil von Selbständigen hervorzuheben (von 17 % auf 44 % bei den Männern bzw. von 9 % auf 30 % bei den Frauen). Für die weiblichen Erwerbstätigen ist darüber hinaus ein Anstieg der Quote mithelfender Familienangehöriger zu verzeichnen (von 4 % auf 14 %). Selbständige und mithelfende Familienangehörige, die vom gesetzlichen Rentenalter der abhängig Beschäftigten nicht betroffen sind, sind auch im hohen Alter noch häufiger berufstätig.

Die im Alter noch ausgeübte Erwerbstätigkeit ist vielfach mit einer Einschränkung der Arbeitszeit verbunden. So ist der Anteil der Teilzeitbeschäftigten unter den älteren Menschen bedeutend höher als unter den jüngeren.

Im EG-Durchschnitt gingen 1991 3 % der erwerbstätigen Männer unter 60 Jahren und 27 % der erwerbstätigen Frauen dieses Alters einer Teilzeitbeschäftigung nach. Bei den Senioren (60 Jahre und älter) waren die entsprechenden Anteile wesentlich höher (16 % bei den Männern und 44 % bei den Frauen). Für 65jährige und ältere Senioren lag die entsprechende Quote sowohl bei den Männern als auch bei den Frauen noch höher (37 % bzw. 52 %).

Tab. 3.5: Vollzeit- und Teilzeitbeschäftigung 1991 nach ausgewählten Altersgruppen in den EG-Ländern

Prozent

| Land | Erwerbstätige insgesamt | | Darunter im Alter von ... bis ... Jahren | | | |
| | | | 50 - 64 | | 65 und mehr | |
	Vollzeit	Teilzeit	Vollzeit	Teilzeit	Vollzeit	Teilzeit
Männer						
Deutschland [1]	97,3	2,7	97,8	2,2	60,4	39,6
Belgien	98,0	2,1	97,7	2,3	81,8	(18,2)
Dänemark	89,5	10,5	94,0	6,0	60,5	39,5
Frankreich	96,6	3,4	95,5	4,4	63,2	36,8
Griechenland	97,8	2,2	98,0	2,0	89,2	10,8
Großbritannien u. Nordirland	92,8	5,4	94,0	5,7	34,2	65,8
Irland	96,3	3,6	97,2	3,4	92,6	(7,4)
Italien	97,0	2,9	96,8	3,2	78,0	21,2
Luxemburg	97,1	(1,9)	.	.	.	.
Niederlande	84,2	15,7	83,6	16,0	37,2	60,5
Portugal	96,0	4,0	95,5	4,5	70,4	29,6
Spanien	98,4	1,6	98,6	1,4	85,4	14,6
EG-Länder insgesamt	**95,6**	**4,0**	**96,2**	**3,8**	**63,0**	**36,8**
Frauen						
Deutschland [1]	65,7	34,3	55,2	44,8	42,4	57,6
Belgien	72,6	27,4	72,0	28,0	.	.
Dänemark	62,2	37,8	52,6	47,4	28,6	71,4
Frankreich	76,5	23,5	72,6	27,4	61,5	38,5
Griechenland	92,8	7,2	91,0	9,0	65,6	31,3
Großbritannien u. Nordirland	55,4	43,1	45,7	54,1	13,5	86,5
Irland	82,2	17,8	72,7	27,3	83,3	(16,7)
Italien	89,5	10,4	88,4	11,5	74,5	24,5
Luxemburg	80,7	17,5	83,3	16,7	.	.
Niederlande	40,1	59,8	25,4	74,6	28,6	71,4
Portugal	89,0	11,0	81,7	18,6	58,3	41,7
Spanien	88,8	11,2	85,1	14,7	74,5	25,5
EG-Länder insgesamt	**71,1**	**28,5**	**64,3**	**35,6**	**48,1**	**51,9**

---

1) Früheres Bundesgebiet.

Quelle: Eurostat: Erhebung über Arbeitskräfte 1991

Eine Aufgliederung dieser Ergebnisse nach einzelnen EG-Ländern ergibt für die 65jährigen und Älteren ein breit gefächertes Bild:

Bei den Männern bewegt sich die „Teilzeitquote" zwischen 11 % (Griechenland) und 66 % (Großbritannien und Nordirland). Die entsprechenden Anteile liegen bei der weiblichen Bevölkerung wesentlich höher. Die „Teilzeitquote" schwankt bei ihnen zwischen 25 % (Italien) und 87 % (Großbritannien und Nordirland).

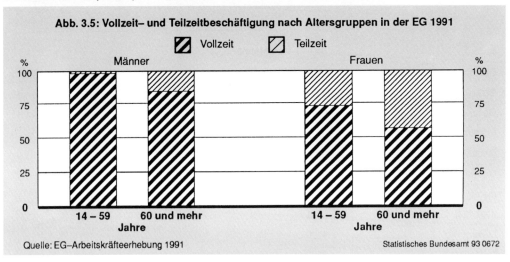

Abb. 3.5: Vollzeit– und Teilzeitbeschäftigung nach Altersgruppen in der EG 1991

Quelle: EG–Arbeitskräfteerhebung 1991 — Statistisches Bundesamt 93 0672

Relativ niedrige Arbeitslosenquoten bei den Senioren

In den dargestellten Erwerbsquoten sind sowohl Erwerbstätige als auch Arbeitslose enthalten. Angesichts der derzeit relativ hohen Arbeitslosigkeit ist es daher unerläßlich, einen Blick auf die Streuung der Arbeitslosenquote nach EG-Ländern und nach Altersgruppen zu werfen.

Hinsichtlich der Streuung ist ein Vergleich zwischen den einzelnen EG-Ländern jedoch nur sehr eingeschränkt möglich, da die Ergebnisse auf einer relativ kleinen Stichprobe (Erhebung über Arbeitskräfte 1991) beruhen und für einzelne Länder schon etwa ab dem 60. Lebensjahr keine zuverlässigen Aussagen mehr möglich sind. Bezogen auf den EG-Durchschnitt ist jedoch eine signifikante Aussage bis hin zum 65.Lebensjahr möglich.

Bemerkenswert ist, daß die Arbeitslosenquote im EG-Durchschnitt sowohl bei den Männern als auch bei den Frauen für alle untersuchten Altersgruppen (ab 50 Jahre) unter der allgemeinen Arbeitslosenquote liegt. Dies hängt auch damit zusammen, daß viele ältere Erwerbstätige aufgrund von Vorruhestandsregelungen vorzeitig aus dem Arbeitsleben ausgeschieden sind. Die allgemeine Arbeitslosenquote – bezogen auf die über 14jährigen Erwerbspersonen – betrug 1991 für die **männliche** Bevölkerung 7,1 %. Bei den 50- bis 54jährigen Männern lag sie mit 4,5 % deutlich darunter. Auch bei den nächst höheren Altersgruppen fiel sie mit 6,1 % (55- bis 59jährige) und 5,1 % (60- bis 64jährige) noch unter den allgemeinen Durchschnitt.

Bei der **weiblichen** Bevölkerung liegen die Verhältnisse ähnlich wie bei den Männern. Auch hier liegen die Arbeitslosenquoten für die 50jährigen und Älteren deutlich unter der allgemeinen Quote von 10,7 %. Bei den 50- bis 54jährigen Frauen ist sie mit 6 % etwas niedriger als bei den 55- bis 59jährigen Frauen (6,7 %). In der nächst höheren Altersgruppe ist – wie bei den Männern – eine noch niedrigere Quote (3,7 %) zu verzeichnen.

Tab. 3.6: Arbeitslosenquoten 1991 nach ausgewählten Altersgruppen in den EG-Ländern

Prozent

Land	Insgesamt [1]	Darunter im Alter von ... bis ... Jahren		
		50 - 54	55 - 59	60 - 64
Männer				
Deutschland [2]	3,6	3,0	6,3	4,1
Belgien	4,6	2,7	(2,5)	.
Dänemark	8,3	6,5	9,9	.
Frankreich	7,2	5,8	6,5	.
Griechenland	4,8	2,0	(1,8)	.
Großbritannien u. Nordirland	9,4	7,8	8,6	9,9
Irland	15,4	11,7	10,7	(7,5)
Italien	6,8	1,6	2,5	(1,0)
Luxemburg	(1,1)	.	.	—
Niederlande	5,6	4,6	5,2	(3,6)
Portugal	2,6	(1,0)	2,4	.
Spanien	12,0	8,0	9,2	7,5
EG-Länder insgesamt	**7,1**	**4,5**	**6,1**	**5,1**
Frauen				
Deutschland [2]	4,8	4,9	8,7	4,1
Belgien	10,6	(5,0)	.	.
Dänemark	10,0	7,9	11,3	.
Frankreich	11,7	8,3	8,9	(3,6)
Griechenland	12,9	5,2	.	.
Großbritannien u. Nordirland	7,4	4,8	5,7	5,0
Irland	16,6	(12,6)	.	.
Italien	15,8	4,1	(1,8)	.
Luxemburg	(2,1)	.	.	.
Niederlande	10,0	9,3	(4,9)	.
Portugal	5,7	2,8	(2,0)	.
Spanien	23,2	11,6	8,3	4,8
EG-Länder insgesamt	**10,7**	**6,0**	**6,7**	**3,7**

1) Bezogen auf die 14jährige und ältere Bevölkerung in Privathaushalten. – 2) Früheres Bundesgebiet.

Quelle: Eurostat: Erhebung über Arbeitskräfte 1991

4 Lebensbedingungen älterer Menschen

- Die Mehrheit der über 65jährigen Menschen in der EG lebt in den eigenen vier Wänden.

- In Deutschland verfügen 41 % der Haushalte über 65jähriger über selbstgenutztes Wohneigentum.

- Die Haushalte der älteren Menschen in der EG verfügen meist über einen geringeren Wohnkomfort und niedrigeren Lebensstandard als der Durchschnitt der Bevölkerung.

4 Lebensbedingungen älterer Menschen

Selbstgenutztes Wohneigentum bei älteren Menschen weit verbreitet

Die Versorgung mit Wohnraum gehört zur Befriedigung von menschlichen Grundbedürfnissen, und die Wohnverhältnisse älterer Menschen bilden einen wesentlichen Bestimmungsfaktor für ihre Lebensbedingungen. Zur Charakterisierung der allgemeinen Lebensumstände der Senioren wird hier auf die nichtmonetären Indikatoren „Selbstgenutztes Wohneigentum", „Ausstattung der Wohnung" und „Besitz an langlebigen Gebrauchsgütern" eingegangen und im Vergleich zur Gesamtbevölkerung dargestellt. Die von Eurostat harmonisierten Vergleichsdaten für den EG-Bereich stammen in erster Linie aus den in den Mitgliedsländern durchgeführten Erhebungen über die Wirtschaftsrechnungen der privaten Haushalte[1].

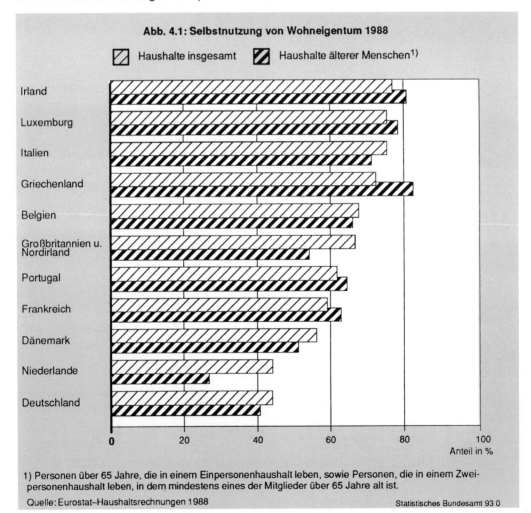

Abb. 4.1: Selbstnutzung von Wohneigentum 1988

Haushalte insgesamt   Haushalte älterer Menschen[1]

Irland
Luxemburg
Italien
Griechenland
Belgien
Großbritannien u. Nordirland
Portugal
Frankreich
Dänemark
Niederlande
Deutschland

0   20   40   60   80   100
Anteil in %

1) Personen über 65 Jahre, die in einem Einpersonenhaushalt leben, sowie Personen, die in einem Zweipersonenhaushalt leben, in dem mindestens eines der Mitglieder über 65 Jahre alt ist.

Quelle: Eurostat–Haushaltsrechnungen 1988   Statistisches Bundesamt 93 0

1) Vgl. Eurostat (Hrsg.): Ältere Menschen in der Europäischen Gemeinschaft – Lebensbedingungen, in: Schnellberichte: „Bevölkerung und soziale Bedingungen", 3/1993.

Zu den älteren Menschen zählen hierbei die Personen mit 65 und mehr Jahren, die einen Einpersonenhaushalt führen, sowie die Personen, die in einem Zweipersonenhaushalt leben, in dem mindestens ein Haushaltsmitglied 65 oder mehr Jahre alt ist. Der Begriff „Gesamtbevölkerung" bezieht sich im folgenden auf die (Bevölkerung in) Privathaushalte(n) insgesamt.

In Griechenland, Irland und Luxemburg wohnt die überwiegende Mehrheit der über 65jährigen Bevölkerung in den eigenen vier Wänden, weil in diesen Ländern rund 80 % der Haushalte älterer Menschen Wohneigentum besitzen. In den meisten EG-Ländern liegt der Anteil der Senioren, die ihr Wohneigentum selbst nutzen, nur zwischen 71 % (Italien) und 51 % (Dänemark); auffallend niedrig ist dieser Anteil in Deutschland (41 %) und in den Niederlanden (27 %), wo nur jeder vierte Haushalt der über 65jährigen in der eigenen Wohnung lebt.

Da Wohneigentum gewöhnlich eine langjährige Akkumulation von Finanzmitteln voraussetzt, wäre anzunehmen, daß der Anteil älterer Menschen mit selbstgenutztem Wohneigentum in der Regel den entsprechenden Anteil bei der Gesamtbevölkerung übersteigt. Der europäische Vergleich zeigt aber, daß nur in Griechenland, Irland,

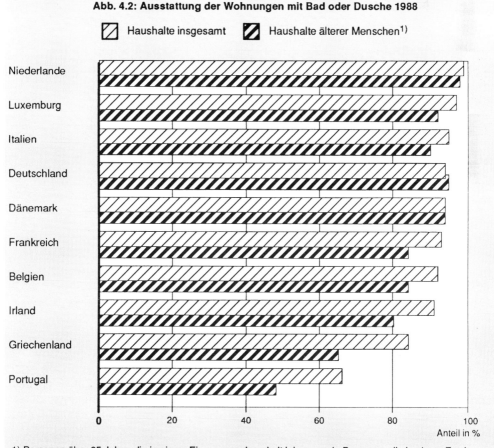

Abb. 4.2: Ausstattung der Wohnungen mit Bad oder Dusche 1988

1) Personen über 65 Jahre, die in einem Einpersonenhaushalt leben, sowie Personen, die in einem Zweipersonenhaushalt leben, in dem mindestens eines der Mitglieder über 65 Jahre alt ist.

Quelle: Eurostat–Haushaltsrechnungen 1988

Statistisches Bundesamt 93 0674

Luxemburg, Portugal und Frankreich die Haushalte älterer Menschen häufiger im eigenen Heim leben als die Haushalte insgesamt. In den übrigen EG-Ländern ist der Anteil der Haushalte der älteren Menschen, die über selbstgenutztes Wohneigentum verfügen, niedriger als der bei der Gesamtbevölkerung; besonders deutlich ist diese Diskrepanz in Großbritannien und Nordirland sowie in den Niederlanden.

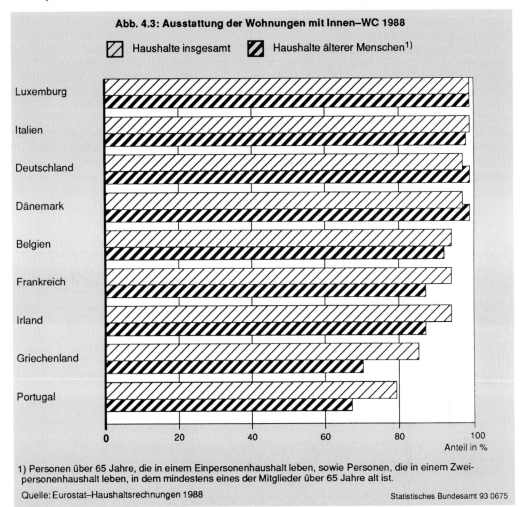

Abb. 4.3: Ausstattung der Wohnungen mit Innen–WC 1988

Haushalte insgesamt   Haushalte älterer Menschen[1]

1) Personen über 65 Jahre, die in einem Einpersonenhaushalt leben, sowie Personen, die in einem Zwei-personenhaushalt leben, in dem mindestens eines der Mitglieder über 65 Jahre alt ist.

Quelle: Eurostat–Haushaltsrechnungen 1988

Statistisches Bundesamt 93 0675

Im Alter teilweise schlechtere Wohnbedingungen

Der Vergleich der Wohnungsausstattung der Haushalte insgesamt mit der von Haushalten der älteren Menschen zeigt, daß in einigen EG-Ländern die Senioren mit einem teilweise deutlich geringeren Wohnkomfort vorlieb nehmen müssen. Zur Kennzeichnung der Wohnbedingungen werden hier folgende Merkmale der Wohnungsausstattung herangezogen: „Bad oder Dusche", „Innen-WC", „Zentralheizung" und „Telefon".

Nach dem Austattungsgrad der Wohnungen mit Bad oder Dusche können im EG-Vergleich drei Gruppen von EG-Ländern unterschieden werden: In einer ersten Gruppe, zu der die Niederlande, Dänemark und Deutschland zählen, liegt dieser Ausstattungsgrad weit über 90 %, wobei kaum ein Unterschied besteht zwischen Wohnungen der

Im Blickpunkt: Ältere Menschen

über 65jährigen und der Gesamtbevölkerung. In einer zweiten Gruppe von EG-Ländern sind zwar über 90 % aller Wohnungen mit Bad oder Dusche ausgestattet, aber der Anteil der Wohnungen mit der gleichen Ausstattung, die von älteren Menschen bewohnt werden, ist deutlich kleiner; er erreicht aber immer noch mehr als 80 %. Zu dieser Gruppe gehören Luxemburg, Italien, Frankreich, Belgien und Irland. Größere Diskrepanzen zwischen Haushalten der älteren Menschen und den Haushalten insgesamt, was die Ausstattung der Wohnung mit Bad oder Dusche betrifft, weisen Griechenland und Portugal auf.

Ähnlich sind die Wohnkomfortunterschiede im EG-Bereich bezüglich des Vorhandenseins eines Innen-WC. In einer Reihe von EG-Ländern, wie Luxemburg, Italien, Deutschland und Dänemark, haben nahezu sämtliche Wohnungen eine Innentoilette, ohne daß nennenswerte Abweichungen zwischen Haushalten der älteren und der Gesamtbevölkerung bestehen. In einer weiteren Länder-Gruppe, zu der Frankreich und Irland zählen, verfügen zwar über 90 % der Wohnungen über ein Innen-WC, aber bei den Wohnungen der 65jährigen und älteren liegt dieser Anteil bereits unter 90 %. In Griechenland und Portugal haben weniger als 70 % der Wohnungen von älteren Menschen eine Innentoilette.

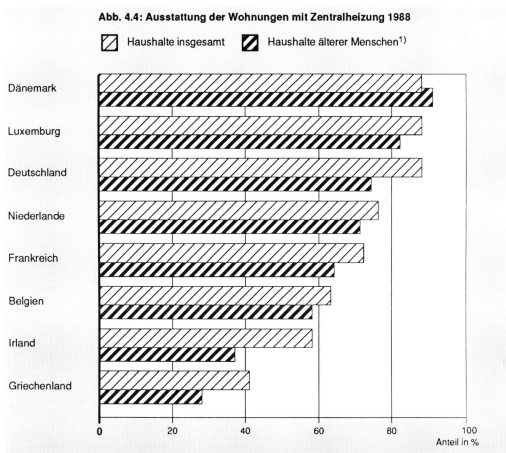

Abb. 4.4: Ausstattung der Wohnungen mit Zentralheizung 1988

1) Personen über 65 Jahre, die in einem Einpersonenhaushalt leben, sowie Personen, die in einem Zwei-personenhaushalt leben, in dem mindestens eines der Mitglieder über 65 Jahre alt ist.

Quelle: Eurostat–Haushaltsrechnungen 1988

Statistisches Bundesamt 93 0676

Auffällige Unterschiede im EG-Bereich bestehen bei der Ausstattung der Wohnungen mit Zentralheizung. Zum einen schwanken die Anteilswerte der Wohnungen aller Haushalte, die über eine Zentralheizung verfügen, zwischen knapp 90 % (Luxemburg, Dänemark, Deutschland) und rund 40 % (Griechenland), zum anderen liegen die entsprechenden Anteile von Wohnungen der älteren Bevölkerung zwischen rund 90 % (Dänemark) und knapp 30 % (Griechenland). In den EG-Ländern sind die Wohnungen von 65jährigen und älteren im Durchschnitt seltener mit einer Zentralheizung ausgestattet als die Gesamtheit der Wohnungen, nur Dänemark bildet dabei eine Ausnahme.

Die anhand der angeführten Ausstattungsmerkmale aufgezeigten Unterschiede in den Wohnbedingungen der älteren und Gesamtbevölkerung lassen sich vor allem dadurch erklären, daß ältere Menschen häufiger in Altbauten wohnen, wo der Wohnstandard geringer ist als in neueren Häusern. Ferner ist zu bedenken, daß die Rentner in den meisten EG-Ländern in der Regel nur über ein relativ geringes Einkommen verfügen, von dem sie schwerlich noch etwas zur Wohnungsmodernisierung abzweigen können.

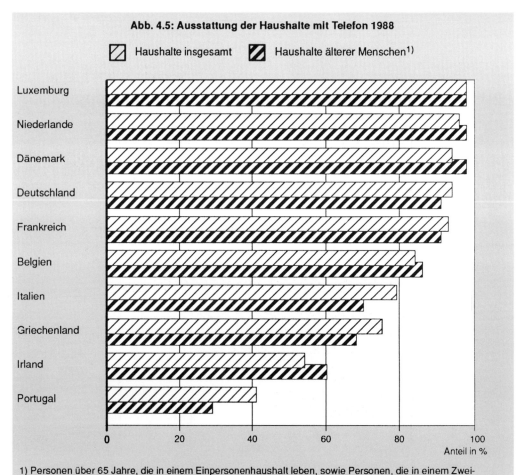

Abb. 4.5: Ausstattung der Haushalte mit Telefon 1988

Haushalte insgesamt   Haushalte älterer Menschen[1]

Anteil in %

1) Personen über 65 Jahre, die in einem Einpersonenhaushalt leben, sowie Personen, die in einem Zwei-personenhaushalt leben, in dem mindestens eines der Mitglieder über 65 Jahre alt ist.

Quelle: Eurostat–Haushaltsrechnungen 1988

Statistisches Bundesamt 93 0677

Für die älteren Menschen hat das Telefon eine noch größere Bedeutung als für die übrige Bevölkerung, um so den Kontakt zur Umwelt – gerade bei zunehmender Gehbehinderung im Alter – zu gewährleisten. In Luxemburg, Dänemark und in den Niederlanden ist in fast allen Haushalten der 65jährigen und Älteren ein Telefon vorhanden, was für die Gesamtheit der Haushalte nicht ganz zutrifft. In Deutschland und Frankreich liegt die Telefonausstattung der Haushalte der älteren Menschen und der Haushalte insgesamt noch jeweils über 90 %, in den übrigen EG-Ländern schwankt dieser Versorgungsgrad zwischen gut 80 % (Belgien) und knapp 30 % bzw. 40 % (Portugal).

Meist geringerer Lebensstandard der älteren Menschen

Die Ausstattung der Haushalte mit langlebigen Gebrauchsgütern gilt allgemein als ein geeigneter Indikator für den Lebensstandard der Bevölkerung, wobei der Versorgungsgrad der Haushalte älterer Menschen Hinweise gibt, inwieweit sie an den Konsumangeboten der Gesellschaft teilhaben können. Wie schon bei der Wohnungsausstattung, ist auch beim Besitz von langlebigen Konsumgütern oft folgender Trend in den

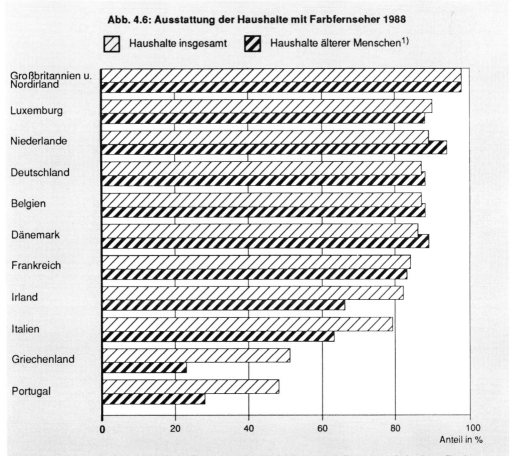

Abb. 4.6: Ausstattung der Haushalte mit Farbfernseher 1988

Haushalte insgesamt   Haushalte älterer Menschen[1]

1) Personen über 65 Jahre, die in einem Einpersonenhaushalt leben, sowie Personen, die in einem Zweipersonenhaushalt leben, in dem mindestens eines der Mitglieder über 65 Jahre alt ist.

Quelle: Eurostat–Haushaltsrechnungen 1988

Statistisches Bundesamt 93 0678

EG-Ländern festzustellen: Der Versorgungsabstand zwischen den älteren Menschen und der Gesamtbevölkerung ist um so größer, je geringer der durchschnittliche Ausstattungsgrad der Bevölkerung ist.

Die Vollversorgung der Bevölkerung mit Farbfernsehgeräten ist in einer Reihe von EG-Ländern, wie Großbritannien und Nordirland, Luxemburg, Niederlande, Belgien, Dänemark und Deutschland nahezu erreicht, und der Abstand zwischen der älteren und Gesamtbevölkerung ist in diesen Ländern nur sehr gering. In Italien und Irland liegt der Versorgungsgrad aller Haushalte bei rund 80 %, der der Haushalte älterer Menschen ist jedoch deutlich niedriger. In Portugal und Griechenland besitzt rund die Hälfte aller Haushalte und nur etwa jeder vierte Haushalt der 65jährigen und Älteren ein Farbfernsehgerät; außerdem ist von allen EG-Ländern hier der Versorgungsabstand zwischen älterer und Gesamtbevölkerung am größten.

In allen EG-Ländern sind die Haushalte älterer Menschen seltener mit einer Waschmaschine ausgestattet als die Haushalte der Gesamtbevölkerung, wobei die Unterschiede teilweise sehr groß sind. In Luxemburg, Italien und den Niederlanden haben

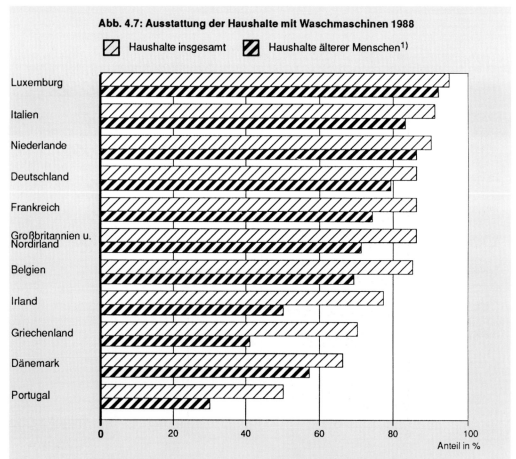

Abb. 4.7: Ausstattung der Haushalte mit Waschmaschinen 1988

Haushalte insgesamt   Haushalte älterer Menschen[1]

1) Personen über 65 Jahre, die in einem Einpersonenhaushalt leben, sowie Personen, die in einem Zweipersonenhaushalt leben, in dem mindestens eines der Mitglieder über 65 Jahre alt ist.

Quelle: Eurostat–Haushaltsrechnungen 1988

Statistisches Bundesamt 93 0679

über 90 % der Haushalte eine Waschmaschine und weisen damit das höchste Ausstattungsniveau im EG-Bereich auf; das Ausstattungsniveau der Haushalte älterer Menschen ist in diesen Ländern ebenfalls das höchste in der Gemeinschaft. Niedriger und auf etwa gleichem Stand ist der allgemeine Ausstattungsgrad mit Waschmaschinen in Deutschland, Frankreich, Großbritannien und Nordirland sowie Belgien, aber in den Haushalten der über 65jährigen sind in diesen Ländern schon deutlich weniger Geräte in Betrieb. Den größten Versorgungsabstand zwischen älterer und Gesamtbevölkerung weisen Irland, Griechenland und Portugal auf, in beiden letzteren Ländern steht in weniger als der Hälfte der Haushalte 65jähriger und älterer eine Waschmaschine.

In Haushalten von älteren Menschen ist im EG-Bereich durchweg viel seltener ein Personenkraftwagen vorhanden als bei der Gesamtheit der Haushalte, wobei diese Feststellung auch im Zusammenhang mit dem allgemeinen Motorisierungsgrad der Bevölkerung zu sehen ist. Außerdem dürfte mit zunehmendem Alter der Wunsch nach dem Halten und Fahren eines Autos auch aus gesundheitlichen Gründen abnehmen. Wegen der genannten Gründe schwankt der Anteil der Haushalte mit den älteren Kraftfahrzeugbesitzern beträchtlich in der Gemeinschaft: In Griechenland und Portugal

Abb. 4.8: Ausstattung der Haushalte mit PKW 1988

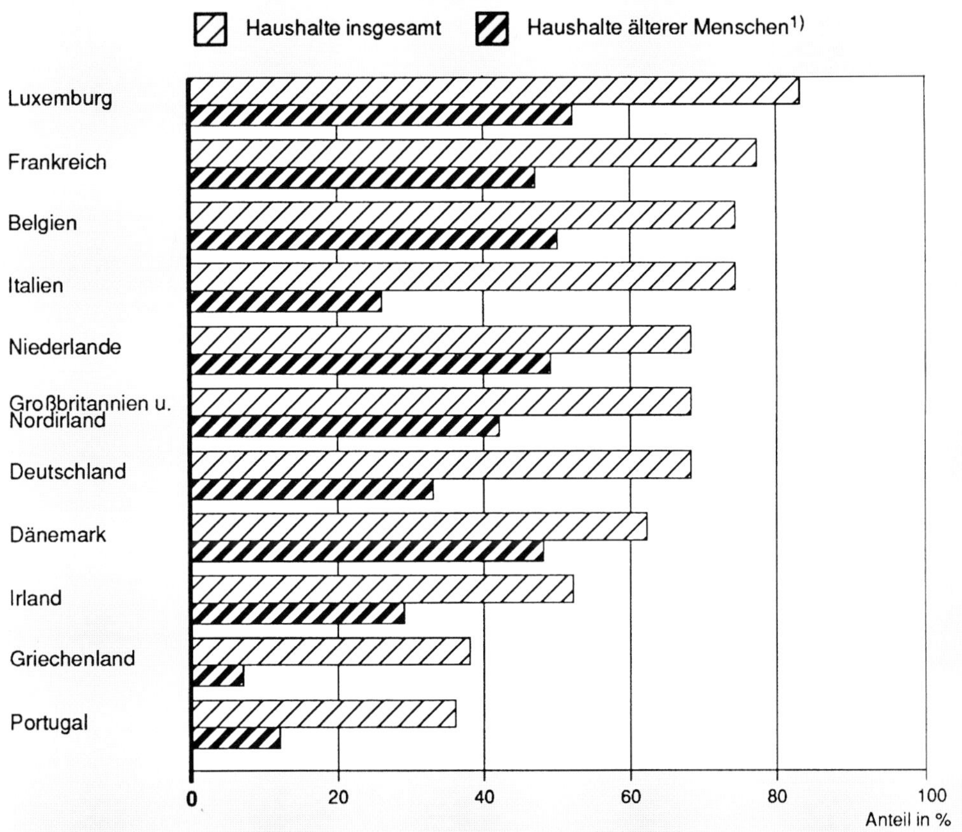

1) Personen über 65 Jahre, die in einem Einpersonenhaushalt leben, sowie Personen, die in einem Zweipersonenhaushalt leben, in dem mindestens eines der Mitglieder über 65 Jahre alt ist.

Quelle: Eurostat–Haushaltsrechnungen 1988

Statistisches Bundesamt 93 0680

ist er sehr niedrig, dagegen verfügt in Luxemburg, Belgien, in den Niederlanden, Dänemark und Frankreich etwa jeder zweite Haushalt von 65jährigen und älteren über einen Personenkraftwagen.

Die vorliegenden Erhebungsergebnisse (1988) lassen erkennen, daß die älteren Menschen in einigen Mitgliedsländern der Gemeinschaft über geringeren Wohnkomfort und niedrigeren Lebensstandard verfügen als die übrige Bevölkerung. Die ungleiche Verteilung von Wohnkomfort und langlebigen Konsumgütern zwischen den Generationen wird besonders in den Ländern offenkundig, wo der allgemeine Versorgungsgrad der Gesamtbevölkerung auffallend niedrig ist.

Trotz des relativ häufigen Vorhandenseins von Wohneigentum wird der Lebensstandard der jüngeren Generationen nur von wenigen älteren Menschen erreicht.

Foto: Presse- und Informationsamt der Bundesregierung

5 Einstellungen älterer Menschen zur Situation im Alter

- Die Mehrzahl der älteren Menschen in der EG hält ihre finanzielle Situation zumindest für ausreichend – mit deutlichen Unterschieden zwischen den einzelnen Ländern.

- Vier von fünf 60jährigen und älteren EG-Bürgern treffen mindestens einmal pro Woche einen Angehörigen.

- Die meisten 60jährigen und älteren Menschen in der EG sehen die Pflegebereitschaft in der Familie sinken.

5 Einstellungen älterer Menschen zur Situation im Alter

Um die Einstellungen und Haltungen der älteren Menschen zu ihrer spezifischen Lebenssituation zu erkunden, wurde 1992 im Rahmen des „Eurobarometers" eine repräsentative Meinungsumfrage bei den älteren Menschen (60jährige und ältere) in den zwölf Mitgliedsländern der Europäischen Gemeinschaft durchgeführt[1].

Häufiger Kontakt der älteren Menschen mit ihren Familien

Beim Thema „Lebensformen älterer Menschen" hat sich hierbei – wie auch schon in Haushaltsstatistiken – gezeigt, daß ältere Menschen häufiger allein in einem Haushalt leben als die übrige Bevölkerung. Dieser Umstand kann die Vermutung aufkommen lassen, daß die älteren Menschen räumlich von ihren Familienangehörigen getrennt besonders stark von Vereinsamung und sozialer Isolation betroffen sind. Um über diesen viel diskutierten Problemkreis zusätzliche vergleichbare Informationen zu erhalten, wurden die Senioren selbst über den Kontakt zu ihren Familien befragt. Die Umfrageergebnisse weisen auf einen häufigen persönlichen Umgang der älteren Menschen mit ihren Familien hin. Im EG-Durchschnitt treffen fast vier von fünf der 60jährigen und Älteren mindestens einmal pro Woche einen Familienangehörigen.

Tab. 5.1: Kontakthäufigkeit der älteren Menschen in den EG-Länder mit Familienangehörigen 1992*)

Prozent

Land	Von 100 Befragten haben Kontakte mit Familienangehörigen						
	jeden Tag	zweimal oder öfter pro Woche	einmal pro Woche	einmal in zwei Wochen	einmal im Monat	weniger als einmal im Monat	kein Kontakt[1]
Deutschland	46,5	15,6	13,8	9,2	5,4	5,5	3,9
Belgien	35,8	22,0	23,5	4,7	3,5	6,0	4,4
Dänemark	13,8	26,0	25,4	16,9	7,8	8,2	1,8
Frankreich	34,2	16,2	25,1	5,8	6,8	9,0	3,0
Griechenland	64,8	9,7	5,8	4,2	2,0	7,3	6,3
Großbritannien u. Nordirland	21,9	28,3	19,0	6,8	5,6	14,5	4,0
Irland	50,1	19,3	14,1	2,5	3,8	6,8	3,4
Italien	70,7	14,4	7,8	1,2	0,8	1,6	3,4
Luxemburg	38,0	21,1	19,4	9,5	3,5	6,5	3,1
Niederlande	19,2	26,6	25,4	10,8	8,9	5,8	3,2
Portugal	59,8	9,6	8,7	3,8	4,2	10,1	3,8
Spanien	60,7	15,5	7,4	3,8	2,9	8,3	1,4
EG-Länder insgesamt	44,4	18,3	15,5	6,1	4,6	7,6	3,4

*) 60jährige und Ältere. – 1) Bzw. keine Familienangehörigen vorhanden.

Quelle: „Eurobarometer" – Umfrage 1992

---

1) Kommission der Europäischen Gemeinschaft (Hrsg.): Einstellungen zum Alter, Hauptergebnisse einer Eurobarometer-Umfrage 1992.

Es fällt auf, daß in den südlichen Ländern der Gemeinschaft (Italien, Griechenland, Spanien und Portugal) der tägliche Familienkontakt fast die Regel ist, während in einigen nördlichen Ländern, wie Dänemark, den Niederlanden sowie Großbritannien und Nordirland der zweimalige Kontakt pro Woche am häufigsten vorkommt.

Die Mehrheit der älteren Menschen fühlt sich zumindest ausreichend finanziell abgesichert

In den Industriegesellschaften bedeutet das Ausscheiden aus dem Berufsleben und der Eintritt in den Ruhestand für die Rentner gewöhnlich ein geringeres Einkommen im Vergleich zu den Erwerbstätigen. Trotz zahlreicher Einzeluntersuchungen über die Armut älterer Menschen in verschiedenen EG-Ländern fehlen vergleichbare Daten über ihre allgemeine Einkommenslage. Deshalb sind die älteren Menschen im Rahmen der „Eurobarometer"-Umfrage direkt zu ihrer finanziellen Situation befragt worden. Die Befragungsergebnisse geben somit die subjektiven Einschätzungen der Senioren über ihre wirtschaftliche Lage wieder.

Aus der Umfrage geht hervor, daß im EG-Bereich bei den älteren Menschen teilweise erhebliche Unterschiede in der Bewertung ihrer finanziellen Lage bestehen. So gibt es eine Reihe von EG-Ländern (Deutschland, Belgien, Frankreich, Großbritannien und Nordirland, Portugal), wo die meisten der befragten 60jährigen und Älteren meinten, zumindest bei enger Kalkulation der Ausgaben finanziell zurecht zu kommen. Darüber hinaus hält in Dänemark, Luxemburg, Italien und in den Niederlanden die Mehrheit der älteren Menschen ihre finanzielle Situation für gut und besser. Andererseits liegt in Runden zu kommen, deutlich über dem EG-Durchschnitt; in Griechenland spricht sogar jeder zweite befragte Rentner von finanziellen Problemen.

Tab. 5.2: Meinung der älteren Menschen in den EG-Ländern über ihre finanzielle Situation 1992*)

Prozent

Land	Von 100 Befragten halten ihre finanzielle Situation für					
	sehr gut	gut	aus-reichend	problema-tisch	sehr pro-blematisch	keine Antwort
Deutschland	1,1	18,6	71,6	7,5	0,4	0,7
Belgien	2,4	31,3	56,2	6,7	1,2	2,2
Dänemark	18,3	57,5	22,1	1,2	0,9	0,0
Frankreich	1,8	34,5	52,7	7,1	3,5	0,4
Griechenland	0,8	16,5	32,0	34,1	16,2	0,4
Großbritannien u. Nordirland	5,5	39,0	47,7	5,1	2,5	0,1
Irland	4,3	36,0	45,5	10,8	2,4	0,9
Italien	6,1	44,0	39,5	6,6	2,6	1,2
Luxemburg	8,9	58,1	24,5	4,5	0,4	3,6
Niederlande	5,2	46,8	41,3	5,2	0,8	0,8
Portugal	0,7	22,8	45,8	17,8	11,6	1,4
Spanien	2,5	31,5	38,3	20,7	5,6	1,4
EG-Länder insgesamt	3,5	32,6	51,4	8,9	2,9	0,8

*) 60jährige und Ältere.

Quelle: „Eurobarometer" – Umfrage 1992

Die große Mehrheit der älteren Menschen bezieht ihr Einkommen aus Renten bzw. Pensionen. Von diesen Zahlungen hängt weitgehend ihre wirtschaftliche Sicherheit im Alter ab. Nach der Selbsteinschätzung der Senioren über die Angemessenheit von Renten/Pensionen kann man die EG-Länder in drei Gruppen einteilen: In der ersten Gruppe, zu der Luxemburg, Dänemark, die Niederlande und Deutschland gehören, hält die überwiegende Mehrheit der über 60jährigen ihre Renten/Pensionen für ausreichend. In einer Reihe von Ländern, wie Belgien, Irland, Spanien, Großbritannien und Nordirland, Frankreich und Italien, sind die Meinungen dazu geteilt, etwa die Hälfte der älteren Menschen können in diesen Ländern mit ihren Renten/Pensionen gerade so auskommen. In Griechenland und Portugal ist die Mehrheit der Rentner und Pensionäre der Meinung, daß ihr Altersruhegeld überhaupt nicht ausreicht. In diesem Zusammenhang ist aber zu erwähnen, daß in den südlichen Ländern der Anteil der älteren Hausbesitzer größer ist als in den meisten nördlichen Ländern und somit im Durchschnitt weniger Ausgaben anfallen. Zudem können die subjektiven Meinungsäußerungen die objektiven Gegebenheiten nicht exakt wiedergeben. Dennoch zeigen sie aus der Perspektive der Renten-Empfänger, daß die Rentensysteme in einigen EG-Ländern offensichtlich noch Lücken aufweisen.

Tab. 5.3: Meinung der älteren Menschen in den EG-Ländern über die Angemessenheit von Renten/Pensionen 1992 *)

Prozent

Land	Von 100 Befragten halten ihre Renten/Pensionen für				
	völlig ausreichend	gerade eben ausreichend	nicht ganz ausreichend	völlig unausreichend	keine Antwort
Deutschland	20,6	52,7	19,2	7,0	0,5
Belgien	10,9	47,8	22,3	16,7	2,2
Dänemark	23,4	50,4	17,4	8,7	0,0
Frankreich	5,2	42,1	27,0	22,4	3,3
Griechenland	4,5	13,2	25,0	55,7	1,7
Großbritannien u. Nordirland	9,3	38,6	28,4	22,6	1,1
Irland	13,6	36,9	24,8	20,3	4,4
Italien	8,4	38,8	21,5	30,8	0,5
Luxemburg	29,5	51,4	8,4	10,8	0,0
Niederlande	28,6	40,3	22,0	6,0	2,9
Portugal	1,2	15,8	37,1	44,9	1,1
Spanien	22,2	26,2	25,0	26,7	0,0
EG-Länder insgesamt	12,7	40,9	23,8	21,3	1,2

*) 60jährige und Ältere.

Quelle: „Eurobarometer" – Umfrage 1992

Hilfebedürftige ältere Menschen werden noch überwiegend von Familienangehörigen versorgt

Durch die Zunahme der Lebenserwartung als Ergebnis des medizinischen Fortschritts und zahlreicher weiterer Faktoren (bessere Arbeitsbedingungen, gesünderer Lebenswandel) erhöht sich auch – wie beschrieben – die Zahl der hochbetagten Menschen in unserer Gesellschaft, die ein bestimmtes Maß an persönlicher Pflege und Hilfe benötigen. Zwar kann sich die Mehrheit der älteren Menschen in der Regel noch selbst versorgen, aber die Pflegebedürftigkeit und damit die Abhängigkeit von fremden Hilfeleistungen steigt im Alter beträchtlich an.

Aus Umfragen des Eurobarometers ergibt sich, daß rund zwei Drittel der Hilfen und Pflegedienste für ältere Menschen von den Familien geleistet werden. Dabei werden im EG-Durchschnitt am häufigsten die erwachsenen Kinder (40 %), die Ehepartner (32 %) und andere Angehörige (14 %) genannt; dazu kommen noch Hilfestellungen der Sozialfürsorge (13 %), fremde Hilfskräfte (11 %), „Fremde" (6 %) sowie Nachbarn (6 %). Die Familienmitglieder spielen demnach noch die entscheidende Rolle bei der Versorgung der pflegebedürftigen Senioren[2].

Tab. 5.4: Meinung der älteren Menschen in den EG-Ländern über die Pflegebereitschaft der Familie 1992 *)

Prozent

Land	Von 100 Befragten äußerten zur Behauptung, daß die Familien heute weniger bereit sind, sich um ältere Angehörige zu kümmern				
	völlige Zustimmung	gemäßigte Zustimmung	gemäßigte Ablehnung	völlige Ablehnung	keine Auskunft
Deutschland............................	24,0	37,2	24,8	10,2	3,7
Belgien	32,4	37,2	17,7	9,2	3,6
Dänemark................................	32,7	26,6	19,4	16,4	4,8
Frankreich	41,4	32,7	13,7	9,5	2,6
Griechenland..........................	36,0	35,5	15,1	7,8	5,4
Großbritannien u. Nordirland..	26,4	31,8	18,9	18,3	5,3
Irland	25,6	26,6	19,0	22,5	6,3
Italien......................................	39,4	34,6	17,1	5,1	3,8
Luxemburg..............................	39,2	24,1	17,4	11,9	7,5
Niederlande............................	34,4	27,8	19,1	12,5	6,2
Portugal...................................	42,9	36,2	12,6	4,9	3,5
Spanien...................................	45,2	34,8	10,5	5,5	4,1
EG-Länder insgesamt........	33,4	34,0	18,2	10,4	4,1

*) 60jährige und Ältere.

Quelle: „Eurobarometer" – Umfrage 1982

Es sind aber auch Tendenzen erkennbar, die darauf hindeuten, daß die Familien künftig weniger als in der vergangenen Zeit in der Lage und bereit sind, ihre älteren Angehörigen zu versorgen. So verstärkt sich in unserer Gesellschaft der Trend zu kleineren Haushalten, in denen höchstens noch zwei Generationen (Eltern bzw. Alleinerziehende mit Kindern) zusammenleben, während die Großeltern als 3. Generation im eigenen und oft räumlich getrennten Haushalt verbleiben. Insbesondere die Bildung kleinerer Haushalte erschwert die Versorgung der älteren, hilfsbedürftigen Familienangehörigen.

---

2) Vgl. Kommission der Europäischen Gemeinschaft (Hrsg.): Einstellungen zum Alter, Hauptergebnisse einer Eurobarometer-Umfrage 1992, S. 28.

Hinzu kommt der Rückgang der Kinderzahl, was zu einer Verringerung der potentiellen Betreuer führt. Auch spielt in diesem Zusammenhang die zunehmende Erwerbsbeteiligung von Frauen eine Rolle.

Die Befragungsergebnisse von älteren Menschen im EG-Bereich lassen in vielen Ländern erkennen, daß nach Ansicht der Senioren die Bereitschaft der Familien, sich um ihre Angehörigen zu kümmern, generell zurückgeht. Diese Auffassung wird in Spanien, Portugal, Frankreich, Italien und Luxemburg am häufigsten geteilt; nur in wenigen Ländern (Irland, Dänemark sowie Großbritannien und Nordirland) fällt die Zustimmung der Senioren zu dieser Meinung weniger stark aus.

Wie sich aus dem wachsenden Anteil der älteren Generation ableiten läßt, wird der gesellschaftliche Bedarf an Pflegeleistungen für ältere Menschen künftig noch weiter steigen. Dieser Entwicklung steht der gleichzeitige Rückgang der Pflegeleistungen durch die Familien gegenüber, was zwangsläufig einen verstärkten Ausbau der öffentlichen Sozialdienste wie auch der privaten Pflegedienste für ältere Menschen im EG-Bereich erforderlich macht[3].

---

3) Kommission der Europäischen Gemeinschaft (Hrsg.): Ältere Menschen in Europa: Wirtschafts- und Sozialpolitik, Bericht 1993 der europäischen Beobachtergruppe, S. 110 f.

6 Anhang

Tab. A 3.1: Erwerbsquoten der 15- bis 64jährigen Bevölkerung in den OECD-Ländern 1990
Prozent

Land	Insgesamt	Männer	Frauen
Deutschland[1]	68,8	81,5	55,8
Belgien	62,8	72,7	52,4
Dänemark	84,1	89,6	78,4
Frankreich	65,9	75,2	56,6
Griechenland[2]	59,9	75,8	43,5
Großbritannien u. Nordirland	75,8	86,4	65,1
Irland	60,8	82,2	38,9
Italien			
Luxemburg[3]			
Niederlande			
Portugal			
Spanien			
Finnland			
Island[2]			
Norwegen			
Österreich			
Schweden			
Schweiz			
Türkei			
Kanada			

Lfd. Nr.	Land	1960
1	Deutschland[1]	53,0
		55,3
		65,7
		63,5
		63,5
	Nordirland	56,4
		87,1
		59,9
		49,0
		77,3
		73,9
		67,5
	gesamt	60,1

Tab. A 2.1: Gestorbene im früheren Bundesgebiet 1990 nach Altersgruppen und ausgewählten Todesursachen

Alter von ... bis ... Jahren	Gestorbene insgesamt	Darunter mit Todesursache				
		Bösartige Neubildungen	Krankheiten des Kreislaufsystems	Krankheiten der Atmungsorgane	Krankheiten der Verdauungsorgane	Unfälle
	Anzahl	%				
Männer						
unter 1	2 954	100	0,5	1,0	2,0	0,4	2,8
1 - 4	589	100	9,5	3,7	5,8	1,0	37,0
						1,1	39,6
						0,7	49,0
						4,5	26,1
						10,6	11,0
						9,9	5,1
						7,1	2,4
						4,7	1,3
						3,4	1,7
						4,9	3,4
						0,4	2,5
						1,7	25,8
						0,9	32,9
						1,1	35,6
						5,9	13,6
						9,8	5,3
						8,7	3,1
						6,2	1,8
						4,5	1,5
						3,6	2,2

Tab. A 1.1: Bevölkerung in den EG-Ländern 1991*)

Land	Bevölkerung insgesamt		Davon			
			Männer		Frauen	
	1 000	%	1 000	%[1]	1 000	%[1]
Deutschland	79 753	23,1	38 500	48,3	41 253	51,7
Belgien	9 987	2,9	4 881	48,9	5 106	51,1
Dänemark	5 147	1,5	2 536	49,3	2 610	50,7
Frankreich	56 893	16,5	27 703	48,7	29 191	51,3
Griechenland	10 120	2,9	4 984	49,2	5 136	50,8
Großbritannien u. Nordirland	57 530	16,7	28 072	48,8	29 458	51,2
Irland	3 519	1,0	1 757	49,9	1 762	50,1
Italien	57 746	16,7	28 073	48,6	29 674	51,4
Luxemburg	384	0,1	188	49,0	196	51,0
Niederlande	15 010	4,4	7 420	49,4	7 591	50,6
Portugal	9 859	2,9	4 758	48,3	5 101	51,7
Spanien	38 994	11,3	19 140	49,1	19 854	50,9
EG-Länder insgesamt	344 942	100	168 011	48,7	176 931	51,3

6 Anhang

Tab. A 1.1: Bevölkerung in den EG-Ländern 1991*)

Land	Bevölkerung insgesamt		Davon			
			Männer		Frauen	
	1 000	%	1 000	%[1]	1 000	%[1]
Deutschland............................	79 753	23,1	38 500	48,3	41 253	51,7
Belgien	9 987	2,9	4 881	48,9	5 106	51,1
Dänemark................................	5 147	1,5	2 536	49,3	2 610	50,7
Frankreich	56 893	16,5	27 703	48,7	29 191	51,3
Griechenland..........................	10 120	2,9	4 984	49,2	5 136	50,8
Großbritannien u. Nordirland ..	57 530	16,7	28 072	48,8	29 458	51,2
Irland	3 519	1,0	1 757	49,9	1 762	50,1
Italien......................................	57 746	16,7	28 073	48,6	29 674	51,4
Luxemburg..............................	384	0,1	188	49,0	196	51,0
Niederlande............................	15 010	4,4	7 420	49,4	7 591	50,6
Portugal...................................	9 859	2,9	4 758	48,3	5 101	51,7
Spanien	38 994	11,3	19 140	49,1	19 854	50,9
EG-Länder insgesamt........	344 942	100	168 011	48,7	176 931	51,3

*) Stand 1.1.1991. – 1) Anteil an der Bevölkerung insgesamt.

Quelle: Eurostat: Bevölkerungsstatistik 1993

Lfd. Nr.	Land	1960	1970	1980	1991
					in
1	Deutschland[1]........................	20 790	23 427	21 243	17 307
2	Belgien..............................	2 671	2 995	2 799	2 460
3	Dänemark............................	1 532	1 522	1 469	1 242
4	Frankreich	14 694	16 775	16 347	15 632
5	Griechenland........................	2 840	2 855	2 921	2 594
6	Großbritannien u. Nordirland .	15 651	17 348	16 449	14 808
7	Irland	1 112	1 174	1 361	1 292
8	Italien...............................	16 211	17 009	17 191	13 760
9	Luxemburg	86	99	98	89
10	Niederlande.........................	4 327	4 666	4 433	3 786
11	Portugal.............................	3 379	3 397	3 434	2 886
12	Spanien	10 719	12 023	13 082	10 840
13	**EG-Länder insgesamt**	**94 013**	**103 289**	**100 827**	**86 697**
					in
14	Deutschland[1]........................	28,7	29,9	27,2	21,7
15	Belgien..............................	29,4	31,1	28,4	24,6
16	Dänemark............................	33,6	31,0	28,7	24,1
17	Frankreich	32,3	33,2	30,4	27,5
18	Griechenland........................	34,2	32,5	30,5	25,6
19	Großbritannien u. Nordirland .	30,0	31,2	29,2	25,7
20	Irland	39,2	39,9	40,1	36,7
21	Italien...............................	32,4	31,8	30,5	23,8
22	Luxemburg	27,6	29,2	27,0	23,2
23	Niederlande.........................	37,9	36,0	31,5	25,2
24	Portugal.............................	37,6	37,4	35,4	29,3
25	Spanien	35,3	35,8	35,1	27,8
26	**EG-Länder insgesamt**	**31,8**	**32,3**	**30,2**	**25,1**

1) Gebietsstand seit dem 3.10.1990. – 2) Ergebnisse der Bevölkerungsvorausschätzung. – 3) Anteil an der Bevölkerung insgesamt.

in den EG-Ländern

2000[2]		2010[2]		2020[2]		Lfd. Nr.
niedrige Variante	hohe Variante	niedrige Variante	hohe Variante	niedrige Variante	hohe Variante	
1 000						
17 226	19 072	14 626	19 310	12 446	19 393	1
2 354	2 531	2 133	2 642	1 922	2 701	2
1 184	1 290	1 160	1 445	1 014	1 442	3
15 241	16 170	14 427	17 159	13 400	17 584	4
2 327	2 530	2 113	2 751	2 103	3 108	5
14 860	15 824	13 627	16 297	12 415	16 446	6
1 065	1 166	888	1 200	806	1 287	7
11 880	13 007	11 177	14 302	9 495	13 772	8
92	105	83	119	75	128	9
3 833	4 148	3 708	4 582	3 262	4 580	10
2 487	2 720	2 287	2 971	2 205	3 234	11
8 755	9 574	7 982	10 354	7 264	10 570	12
81 302	88 140	74 213	93 130	66 405	94 245	13
Prozent[3]						
21,7	22,9	19,2	22,5	16,9	21,5	14
23,4	24,4	21,5	24,5	19,7	23,8	15
22,8	24,0	22,8	25,8	20,3	24,3	16
25,9	26,8	24,1	26,8	22,3	25,9	17
22,5	23,5	20,5	23,9	20,7	25,3	18
25,5	26,5	23,6	26,3	21,6	25,2	19
30,6	31,4	25,6	29,3	24,5	29,5	20
20,4	21,7	19,7	23,2	17,5	21,8	21
23,4	25,0	21,3	25,4	19,2	24,8	22
24,4	25,5	23,3	26,2	20,4	24,4	23
23,4	24,7	21,4	25,0	20,7	25,3	24
22,0	23,4	20,2	24,1	18,9	23,7	25
23,2	24,3	21,5	24,6	19,6	23,7	26

Quelle: Eurostat: Bevölkerungsstatistik 1993 sowie zwei Szenarios zur langfristigen Bevölkerungs- entwicklung in der Europäischen Gemein- schaft, Luxemburg 1991

Tab. A 1.3: 20- bis 59jährige und Ältere

Lfd. Nr.	Land	1960	1970	1980	1991
					in
1	Deutschland[1]........................	39 216	39 375	41 771	46 184
2	Belgien.................................	4 832	4 810	5 236	5 465
3	Dänemark..............................	2 333	2 526	2 659	2 858
4	Frankreich	23 155	24 659	28 079	30 308
5	Griechenland.........................	4 469	4 523	4 994	5 477
6	Großbritannien u. Nordirland .	27 748	27 896	28 526	30 791
7	Irland	1 277	1 307	1 527	1 689
8	Italien...................................	27 052	27 933	29 593	32 098
9	Luxemburg	176	179	201	222
10	Niederlande...........................	5 598	6 418	7 453	8 613
11	Portugal................................	4 570	4 450	4 867	5 174
12	Spanien	15 892	16 849	18 640	20 792
13	**EG-Länder**	**156 317**	**160 922**	**173 548**	**189 670**
					in
14	Deutschland[1]........................	*54,2*	*50,3*	*53,4*	*57,9*
15	Belgien.................................	*53,1*	*50,0*	*53,2*	*54,7*
16	Dänemark..............................	*51,1*	*51,5*	*51,9*	*55,5*
17	Frankreich	*50,9*	*48,8*	*52,3*	*53,3*
18	Griechenland.........................	*53,8*	*51,5*	*52,1*	*54,1*
19	Großbritannien u. Nordirland .	*53,2*	*50,2*	*50,7*	*53,5*
20	Irland	*45,1*	*44,4*	*45,0*	*48,0*
21	Italien...................................	*54,1*	*52,2*	*52,5*	*55,6*
22	Luxemburg	*56,3*	*52,8*	*55,4*	*57,7*
23	Niederlande...........................	*49,0*	*49,5*	*52,9*	*57,4*
24	Portugal................................	*50,8*	*49,0*	*50,1*	*52,5*
25	Spanien	*52,4*	*50,1*	*50,1*	*53,3*
26	**EG-Länder insgesamt**	*52,8*	*50,3*	*52,0*	*55,0*

1) Gebietsstand seit dem 3.10.1990. – 2) Ergebnisse der Bevölkerungsvorausschätzung. – 3) Anteil an der Bevölkerung insgesamt.

in den EG-Ländern

2 000[2]		2 010[2]		2 020[2]		Lfd. Nr.
niedrige Variante	hohe Variante	niedrige Variante	hohe Variante	niedrige Variante	hohe Variante	
1 000						
44 593	46 143	43 305	46 506	40 394	46 657	1
5 535	5 629	5 523	5 748	5 215	5 726	2
2 967	3 036	2 778	2 943	2 685	3 035	3
31 796	32 108	32 331	33 143	31 359	33 537	4
5 585	5 704	5 679	5 998	5 435	6 145	5
31 607	31 891	31 572	32 305	31 138	33 230	6
1 858	1 972	1 904	2 177	1 743	2 253	7
32 824	33 215	31 320	32 380	29 452	32 241	8
220	235	220	252	212	270	9
9 045	9 234	8 902	9 372	8 656	9 685	10
5 958	6 086	6 167	6 523	5 969	6 768	11
22 531	22 776	22 647	23 326	21 491	23 403	12
194 519	198 022	192 346	200 675	183 751	202 947	13
Prozent[3]						
55,5	54,8	55,8	53,3	55,2	51,9	14
54,7	54,0	55,1	52,7	53,6	50,6	15
57,1	56,4	53,9	51,9	54,0	51,3	16
53,9	53,2	53,8	51,5	52,4	49,5	17
53,9	53,0	54,8	52,0	53,5	50,2	18
54,0	53,2	54,2	51,7	54,3	51,0	19
53,6	53,5	55,8	54,0	52,9	51,4	20
56,4	55,4	54,7	51,9	54,5	51,3	21
55,9	55,4	55,8	54,0	54,5	52,4	22
57,4	56,6	55,2	53,1	54,2	51,7	23
56,3	55,3	57,4	54,6	56,2	53,1	24
56,9	55,8	57,2	54,0	56,1	52,5	25
55,4	54,5	55,1	52,5	54,4	51,2	26

Quelle: Eurostat: Bevölkerungsstatistik 1993 sowie zwei Szenarios zur langfristigen Bevölkerungsentwicklung in der Europäischen Gemeinschaft, Luxemburg 1991

Lfd. Nr.	Land	1960	1970	1980	1991
					in
1	Deutschland[1]	12 403	15 468	15 165	16 263
2	Belgien	1 593	1 820	1 809	2 016
3	Dänemark	701	859	994	1 046
4	Frankreich	7 616	9 095	9 305	10 953
5	Griechenland	992	1 403	1 673	2 049
6	Großbritannien u. Nordirland	8 765	10 303	11 311	11 931
7	Irland	445	463	505	538
8	Italien	6 760	8 549	9 604	11 888
9	Luxemburg	51	61	64	73
10	Niederlande	1 492	1 874	2 205	2 612
11	Portugal	1 048	1 228	1 412	798
12	Spanien	3 716	4 731	5 519	7 361
13	**EG-Länder insgesamt**	**45 582**	**55 853**	**59 565**	**68 576**
					in
14	Deutschland[1]	17,1	19,8	19,4	20,4
15	Belgien	17,5	18,9	18,4	20,6
16	Dänemark	15,4	17,5	19,4	20,3
17	Frankreich	16,8	18,0	17,3	19,3
18	Griechenland	11,9	16,0	17,4	20,2
19	Großbritannien u. Nordirland	16,8	18,5	20,1	20,7
20	Irland	15,7	15,7	14,9	15,3
21	Italien	13,5	16,0	17,0	20,6
22	Luxemburg	16,2	18,0	17,6	19,1
23	Niederlande	13,1	14,5	15,6	17,4
24	Portugal	11,6	13,5	14,5	18,2
25	Spanien	12,3	14,1	14,8	18,9
26	**EG-Länder insgesamt**	**15,4**	**17,5**	**17,8**	**19,9**

1) Gebietsstand seit dem 3.10.1990. – 2) Ergebnisse der Bevölkerungsvorausschätzung. – 3) Anteil an der Bevölkerung insgesamt.

in den EG-Ländern

2000[2]		2010[2]		2020[2]		Lfd. Nr
niedrige Variante	hohe Variante	niedrige Variante	hohe Variante	niedrige Variante	hohe Variante	
1 000						
18 308	18 844	19 352	21 164	20 501	24 022	1
2 216	2 251	2 348	2 496	2 612	2 902	2
1 043	1 060	1 200	1 265	1 289	1 447	3
11 897	12 061	13 271	13 984	15 213	16 687	4
2 439	2 528	2 570	2 786	2 646	3 017	5
11 960	12 182	12 903	13 778	13 822	15 537	6
549	558	635	674	743	839	7
13 490	13 723	14 639	15 578	15 313	17 115	8
82	83	91	96	104	117	9
2 865	2 913	3 460	3 654	4 082	4 510	10
2 152	2 196	2 271	2 433	2 486	2 795	11
8 329	8 481	8 912	9 456	9 688	10 730	12
75 331	76 878	81 651	87 364	88 499	99 719	13
Prozent[3]						
22,8	22,4	24,9	24,2	27,9	26,6	14
21,9	21,6	23,4	22,9	26,8	25,6	15
20,1	19,7	23,3	22,3	25,8	24,4	16
20,2	20,0	22,1	21,7	25,4	24,6	17
23,6	23,5	24,8	24,1	26,0	24,6	18
20,5	20,3	22,2	22,0	24,1	23,8	19
15,9	15,1	18,6	16,7	22,6	19,2	20
23,2	22,9	25,6	25,0	28,2	27,1	21
20,7	19,6	22,9	20,6	26,6	22,6	22
18,2	17,9	21,5	20,7	25,5	24,0	23
20,3	20,0	21,2	20,4	23,3	21,9	24
21,0	20,8	22,5	21,9	25,2	24,0	25
21,4	*21,2*	*23,4*	*22,9*	*26,1*	*25,1*	26

Quelle: Eurostat: Bevölkerungsstatistik 1993 sowie zwei Szenarios zur langfristigen Bevölkerungsentwicklung in der Europäischen Gemeinschaft, Luxemburg 1991

Lfd. Nr.	Land	1960	1970	1980	1991
					in
1	Deutschland[1]	1 116	1 508	2 116	3 011
2	Belgien	166	203	255	353
3	Dänemark..............................	73	84	100	193
4	Frankreich	900	1 158	1 625	2 151
5	Griechenland........................	109	174	222	324
6	Großbritannien u. Nordirland .	985	1 225	1 530	2 127
7	Irland	54	57	63	79
8	Italien...................................	653	967	1 223	1 878
9	Luxemburg	5	6	7	12
10	Niederlande...........................	155	221	318	437
11	Portugal................................	108	109	135	248
12	Spanien	349	515	625	1 125
13	**EG-Länder insgesamt**	**4 674**	**6 244**	**8 265**	**11 937**
					in
14	Deutschland[1]	*1,5*	*1,9*	*2,7*	*3,8*
15	Belgien	*1,8*	*2,1*	*2,6*	*3,5*
16	Dänemark..............................	*1,6*	*2,0*	*2,8*	*3,7*
17	Frankreich	*2,0*	*2,3*	*3,0*	*3,8*
18	Griechenland........................	*1,3*	*2,0*	*2,3*	*3,2*
19	Großbritannien u. Nordirland .	*1,9*	*2,2*	*2,7*	*3,7*
20	Irland	*1,9*	*1,9*	*1,9*	*2,2*
21	Italien...................................	*1,3*	*1,8*	*2,2*	*3,3*
22	Luxemburg	*1,6*	*1,8*	*1,9*	*3,1*
23	Niederlande...........................	*1,4*	*1,7*	*2,3*	*2,9*
24	Portugal................................	*1,2*	*1,2*	*1,4*	*2,5*
25	Spanien	*1,2*	*1,5*	*1,7*	*2,9*
26	**EG-Länder insgesamt**	***1,6***	***2,0***	***2,5***	***3,5***

1) Gebietsstand seit dem 3.10.1990. – 2) Ergebnisse der Bevölkerungsvorausschätzung. – 3) Anteil an der Bevölkerung insgesamt.

in den EG-Ländern

2000[2]		2010[2]		2020[2]		Lfd. Nr.
niedrige Variante	hohe Variante	niedrige Variante	hohe Variante	niedrige Variante	hohe Variante	
1 000						
2 671	2 839	3 261	3 962	3 840	5 429	1
352	364	472	542	479	621	2
211	218	212	240	207	269	3
2 011	2 075	2 835	3 189	2 916	3 638	4
379	401	458	539	557	741	5
2 329	2 403	2 527	2 893	2 442	3 164	6
94	99	99	118	101	138	7
2 060	2 148	2 910	3 360	3 164	4 105	8
12	12	16	19	17	24	9
506	525	596	681	635	814	10
341	355	435	509	463	616	11
1 376	1 434	1 787	2 048	1 868	2 397	12
12 341	12 874	15 608	18 098	16 690	21 956	13
Prozent[3]						
3,3	3,4	4,2	4,6	5,2	6,0	14
3,5	3,5	4,7	5,0	4,9	5,5	15
4,1	4,0	4,1	4,2	4,2	4,6	16
3,4	3,4	4,7	5,0	4,9	5,4	17
3,7	3,7	4,4	4,7	5,5	6,1	18
4,0	4,0	4,3	4,6	4,3	4,9	19
2,7	2,7	2,9	2,9	3,1	3,1	20
3,5	3,6	5,1	5,4	5,9	6,5	21
3,1	2,8	4,1	4,1	4,4	4,7	22
3,2	3,2	3,7	3,9	4,0	4,3	23
3,2	3,2	4,1	4,3	4,4	4,8	24
3,5	3,5	4,5	4,7	4,9	5,4	25
3,5	**3,5**	**4,5**	**4,7**	**4,9**	**5,5**	26

Quelle: Eurostat: Bevölkerungsstatistik 1993 sowie zwei Szenarios zur langfristigen Bevölkerungsentwicklung in der Europäischen Gemeinschaft, Luxemburg 1991

Lfd. Nr.	Land	1960	1970	1980	1991
1	Deutschland[1].........................	53,0	59,5	50,9	37,5
2	Belgien.....................................	55,3	62,3	53,5	45,0
3	Dänemark................................	65,7	60,3	55,3	43,4
4	Frankreich	63,5	68,0	58,2	51,6
5	Griechenland...........................	63,5	63,1	58,5	47,4
6	Großbritannien u. Nordirland..	56,4	62,2	57,7	48,1
7	Irland.......................................	87,1	89,9	89,1	76,5
8	Italien......................................	59,9	60,9	58,1	42,9
9	Luxemburg...............................	49,0	55,3	48,7	40,2
10	Niederlande............................	77,3	72,7	59,5	44,0
11	Portugal...................................	73,9	76,3	70,6	55,8
12	Spanien...................................	67,5	71,4	70,2	52,1
13	**EG-Länder insgesamt........**	**60,1**	**64,2**	**58,1**	**45,7**

*) Altersgruppe der unter 20jährigen bezogen auf die Altersgruppe der 20- bis unter 60jährigen. – 1) Gebietsstand seit dem 3.10.1990. – 2) Ergebnisse der Bevölkerungsvorausschätzung

Lfd. Nr.	Land	1960	1970	1980	1991
1	Deutschland[1].........................	31,6	39,3	36,3	35,2
2	Belgien.....................................	33,0	37,8	34,5	37,7
3	Dänemark................................	30,1	34,0	37,4	36,6
4	Frankreich	32,9	36,9	33,1	36,1
5	Griechenland...........................	22,2	31,0	33,5	37,4
6	Großbritannien u. Nordirland..	31,6	36,9	39,6	38,7
7	Irland.......................................	34,9	35,5	33,1	31,8
8	Italien......................................	25,0	30,6	32,5	37,0
9	Luxemburg...............................	28,7	34,0	31,9	33,0
10	Niederlande............................	26,7	29,2	29,6	30,3
11	Portugal...................................	22,9	27,6	29,0	34,8
12	Spanien...................................	23,4	28,1	29,6	35,4
13	**EG-Länder insgesamt........**	**29,2**	**34,7**	**34,3**	**36,2**

*) Altersgruppe der 60jährigen und Älteren bezogen auf die Altersgruppe der 20- bis unter 60jährigen. – 1) Gebietsstand seit dem 3.10.1990. – 2) Ergebnisse der Bevölkerungsvorausschätzung

in den EG-Ländern*)

2000[2]		2010[2]		2020[2]		Lfd. Nr.
niedrige Variante	hohe Variante	niedrige Variante	hohe Variante	niedrige Variante	hohe Variante	
41,1	40,8	44,7	45,5	50,5	51,3	1
40,0	40,0	42,5	43,4	50,0	50,6	2
35,2	34,9	43,2	43,0	48,0	47,6	3
37,4	37,6	41,0	42,2	48,5	49,7	4
43,7	44,3	45,3	46,4	48,7	49,1	5
37,8	38,2	40,9	42,6	44,3	46,7	6
29,6	28,3	33,3	31,0	42,8	37,4	7
41,1	41,3	46,7	48,1	52,0	53,1	8
37,0	35,4	41,1	38,2	49,1	43,1	9
31,7	31,6	38,9	39,0	47,1	46,5	10
36,1	36,1	36,8	37,3	41,7	41,3	11
37,0	37,2	39,4	40,5	45,1	45,9	12
38,7	**38,8**	**42,4**	**43,5**	**48,1**	**49,1**	13

Quelle: Eurostat: Bevölkerungsstatistik 1993 sowie zwei Szenarios zur langfristigen Bevölkerungsentwicklung in der Europäischen Gemeinschaft, Luxemburg 1991

in den EG-Ländern*)

2000[2]		2010[2]		2020[2]		Lfd. Nr.
niedrige Variante	hohe Variante	niedrige Variante	hohe Variante	niedrige Variante	hohe Variante	
39,0	41,7	34,5	42,3	30,7	41,4	1
42,8	45,2	39,1	46,5	36,8	47,1	2
40,0	42,5	42,2	49,6	37,7	47,5	3
48,0	50,4	44,9	52,1	42,7	52,4	4
41,7	44,4	37,4	46,0	38,7	50,6	5
47,2	49,8	43,6	50,9	39,8	49,4	6
57,0	58,6	45,9	54,3	46,4	57,4	7
36,2	39,1	36,1	44,6	32,2	42,7	8
41,7	45,1	38,2	47,1	35,4	47,1	9
42,4	45,0	42,2	49,4	37,7	47,3	10
41,7	44,6	37,3	45,7	37,0	47,8	11
38,7	41,9	35,3	44,5	33,8	45,2	12
41,9	**44,6**	**39,0**	**46,8**	**36,1**	**46,4**	13

Quelle: Eurostat: Bevölkerungsstatistik 1993 sowie zwei Szenarios zur langfristigen Bevölkerungsentwicklung in der Europäischen Gemeinschaft, Luxemburg 1991

Tab. A 1.8: Ausländer in den EG-Ländern 1991*)

Land	Bevölkerung					
	ins-gesamt	dar. Ausländer				
		zusammen		andere EG-Angehörige		Nicht-EG-Angehörige
	1 000	% [4]	1 000	% [5]	1 000	% [5]
Deutschland[1]	79 753	5 343	6,7	1 439	26,9	3 903	73,1
Belgien....................................	9 987	905	9,1	551	60,9	353	39,1
Dänemark	5 147	161	3,1	28	17,3	133	82,7
Frankreich[2].............................	56 652	3 597	6,3	1 312	36,5	2 285	63,5
Griechenland	10 120	229	2,3	54	23,7	175	76,3
Großbritannien u. Nordirland[3]	57 530	2 429	4,2	782	32,2	1 647	67,8
Irland.....................................	3 519	88	2,5	69	78,1	19	21,9
Italien	57 746	781	1,4	149	19,1	632	80,9
Luxemburg	384	115	30,0	103	88,9	13	11,1
Niederlande	15 010	693	4,6	168	24,3	524	75,7
Portugal..................................	9 859	108	1,1	29	26,7	79	73,3
Spanien	38 994	484	1,2	273	56,4	211	43,6

*) Stand: 1.1.1991; Deutschland: 30.9.1990. – 1) Ohne rund 135 000 Ausländer in den neuen Ländern und Berlin-Ost. – 2) Volkszählung 1990. – 3) Arbeitskräftestichprobe 1991. – 4) Anteil an der Bevölkerung insgesamt. – 5) Anteil an den Ausländern insgesamt.

Quelle: Eurostat: Bevölkerungsstatistik 1993

Tab. A 1.9: Altersstruktur der Inländer bzw. Ausländer in ausgewählten EG-Ländern 1991*)

Land	Inländer				Ausländer			
	ins-gesamt	Alter von ... bis ... Jahren			zusam-men	Alter von ... bis ... Jahren		
		bis 19	20 - 59	60 und mehr		bis 19	20 - 59	60 und mehr
	1 000	%			1 000	%		
Deutschland[1]	74 411	21,5	57,0	21,5	5 343	24,7	70,2	5,0
Belgien....................................	9 083	24,1	54,3	21,6	905	30,2	58,9	10,9
Dänemark	4 986	23,9	55,3	20,8	161	31,3	64,2	4,5
Frankreich[2].............................	53 055	29,6	50,1	20,3	3 597	28,4	60,2	11,4
Großbritannien u. Nordirland[3]	55 101	25,9	53,1	21,0	2 429	21,6	63,8	14,6
Irland.....................................	3 431	37,0	47,6	15,4	88	24,3	63,2	12,5
Italien	56 965	24,1	55,2	20,8	781	4,2	87,2	8,6
Luxemburg	269	21,7	55,2	23,9	115	27,2	64,8	8,0
Niederlande	14 318	24,8	57,2	18,1	693	34,5	61,7	3,8

*) Stand: 1.1.1991; Deutschland: 30.9.1990. – 1) Ohne rund 135 000 Ausländer in den neuen Ländern und Berlin-Ost. – 2) Volkszählung 1990. – 3) Arbeitskräftestichprobe 1991.

Quelle: Eurostat: Bevölkerungsstatistik 1993

Im Blickpunkt: Ältere Menschen

Tab. A 1.10: Bevölkerung in Privathaushalten nach Alter und Haushaltstyp in Deutschland 1991

Alter von ... bis ... Jahren	Insgesamt	Ein-personen-haushalten (Allein-lebende)	Davon in			sonstigen Mehr-personen-haus-halten[4]
			Familienhaushalten[1]			
			1 Gene-ration[2]	2 Gene-rationen[3]	3 und mehr Gene-rationen	
	1000	%				
unter 25...................................	23 516	4,9	1,8	86,5	3,4	3,6
25 bis 44...............................	23 882	13,6	11,0	67,7	2,0	5,8
45 bis 64.................................	21 005	12,5	39,9	42,6	2,3	2,6
65 und mehr	11 749	41,1	42,9	10,4	2,9	2,6
Insgesamt..........................	80 152	14,8	20,6	58,2	2,6	3,9

1) Einschl. seltenverwandter bzw. familienfremder Personen. – 2) Ehepaare ohne Kinder. – 3) Ehepaare bzw. Alleinerziehende mit Kindern. – 4) Haushalte mit nur seltenverwandten bzw. familienfremden Personen.

Quelle: Mikrozensus 1991

Tab. A 2.1: Gestorbene im früheren Bundesgebiet 1990 nach Altersgruppen und ausgewählten Todesursachen

Alter von ... bis ... Jahren	Gestorbene insgesamt		Darunter mit Todesursache				
			Bösartige Neubil- dungen	Krankheiten des Kreislauf- systems	Krankheiten der Atmungs- organe	Krankheiten der Ver- dauungs- organe	Unfälle
	Anzahl		%				
Männer							
unter 1	2 954	100	0,5	1,0	2,0	0,4	2,8
1 - 4	589	100	9,5	3,7	5,8	1,0	37,0
5 - 14	621	100	16,6	4,7	3,4	1,1	39,6
15 - 24	4 043	100	7,2	3,9	1,3	0,7	49,0
25 - 34	6 324	100	9,8	8,4	2,0	4,5	26,1
35 - 44	9 204	100	20,6	20,1	2,0	10,6	11,0
45 - 54	26 344	100	33,1	28,2	2,7	9,9	5,1
55 - 64	51 632	100	35,3	37,9	4,7	7,1	2,4
65 - 74	66 937	100	32,0	44,9	7,3	4,7	1,3
75 und mehr	161 791	100	21,6	53,3	10,0	3,4	1,7
Zusammen	**330 439**	**100**	**26,1**	**44,1**	**7,5**	**4,9**	**3,4**
Frauen							
unter 1	2 122	100	0,4	0,9	1,9	0,4	2,5
1 - 4	462	100	10,6	5,6	6,9	1,7	25,8
5 - 14	447	100	18,1	5,4	4,7	0,9	32,9
15 - 24	1 497	100	9,9	8,4	3,3	1,1	35,6
25 - 34	2 472	100	23,7	10,6	3,3	5,9	13,6
35 - 44	5 008	100	43,5	14,9	2,3	9,8	5,3
45 - 54	12 539	100	51,0	17,2	2,7	8,7	3,1
55 - 64	25 423	100	46,9	27,7	3,7	6,2	1,8
65 - 74	56 490	100	34,9	41,7	4,5	4,5	1,5
75 und mehr	276 436	100	16,0	60,4	6,0	3,6	2,2
Zusammen	**382 896**	**100**	**22,3**	**52,5**	**5,4**	**4,2**	**2,4**

Tab. A 3.1: Erwerbsquoten der 15- bis 64jährigen Bevölkerung in den OECD-Ländern 1990

Prozent

Land	Insgesamt	Männer	Frauen
Deutschland[1]	68,8	81,5	55,8
Belgien	62,8	72,7	52,4
Dänemark	84,1	89,6	78,4
Frankreich	65,9	75,2	56,6
Griechenland[2]	59,9	75,8	43,5
Großbritannien u. Nordirland	75,8	86,4	65,1
Irland	60,8	82,2	38,9
Italien	61,1	78,1	44,5
Luxemburg[3]	68,1	88,6	47,2
Niederlande	66,5	79,6	53,0
Portugal	73,1	85,6	61,3
Spanien	58,8	76,8	40,9
Finnland	76,8	80,6	72,9
Island[2]	78,6	.	.
Norwegen	78,0	84,5	71,2
Österreich	67,7	80,1	55,4
Schweden	83,2	85,3	81,1
Schweiz	76,7	93,6	59,2
Türkei	62,5	84,7	39,7
Kanada	76,5	84,9	68,1
Vereinigte Staaten	76,9	85,8	68,2
Japan	74,1	87,8	60,4
Australien	74,1	85,9	62,1
Neuseeland	71,5	80,8	62,1

1) Früheres Bundesgebiet. – 2) 1989. – 3) 1988.

Quelle: OECD: Labour Force Statistics 1970 - 1990, Paris 1992

Quellenverzeichnis

Council of Europe (Hrsg.): Recent demographic developments in Europe and North America, 1992

Eurostat (Hrsg.): Bevölkerungsstatistik 1992, Luxemburg 1992

Eurostat (Hrsg.): Bevölkerungsstatistik 1993, Luxemburg 1993

Eurostat (Hrsg.): Messung und Entwicklung der Fruchtbarkeit in der Europäischen Gemeinschaft, Luxemburg 1992

Eurostat (Hrsg.): Erhebung über Arbeitskräfte, Ergebnisse 1991, Luxemburg 1993

Eurostat (Hrsg.): Schnellberichte „Bevölkerung und soziale Bedingungen", 1/1993, „Ältere Menschen in der Europäischen Gemeinschaft – Bevölkerung und Beschäftigung"

Eurostat (Hrsg.): Schnellberichte „Bevölkerung und soziale Bedingungen", 3/1993, „Ältere Menschen in der Europäischen Gemeinschaft – Lebensbedingungen"

Eurostat (Hrsg.): Schnellberichte „Bevölkerung und soziale Bedingungen", 4/1993, „Wer stirbt woran in der Europäischen Gemeinschaft?"

Eurostat (Hrsg.): Zwei Szenarios zur langfristigen Bevölkerungsentwicklung in der Europäischen Gemeinschaft, Luxemburg 1991

Kommission der Europäischen Gemeinschaft (Hrsg.): „Ältere Menschen in Europa: Wirtschafts- und Sozialpolitik", Bericht 1993 der europäischen Beobachtergruppe

Kommission der Europäischen Gemeinschaft (Hrsg.): Einstellungen zum Alter, Hauptergebnisse einer Eurobarometer-Umfrage 1992